PROGRAMACIÓN DE ASESOR EXPERTO PARA PRINCIPIANTES

Estrategias de Máximas Ganancias Forex MT4

Wayne Walker

TABLE OF CONTENTS

1

FUNDAMENTOS DEL TRADING

1.2 ¿Qué es el trading en términos financieros?

El trading es comprar o vender un instrumento con el objetivo de beneficiarse de la operación. Se especula que el precio suba o baje. Puede ir en **largo (comprar)** cuando compra un instrumento e intentar venderlo a un precio más alto. O puede ir en **corto (vender)** cuando toma prestado un instrumento que se vende a un precio alto y especula que el precio disminuirá, cuando el precio ha disminuido, lo vuelve a comprar en el mercado y se lo devuelve al propietario, un mercado- fabricante, mantiene la disminución en el precio como ganancia.

Puede operar con o sin apalancamiento. Si su apalancamiento es 1: 200, eso significa que por cada dólar que tiene en su cuenta, tiene 200 veces ese poder adquisitivo. Si tiene 500 USD en la cuenta, puede comprar por 200 x 500 = 100 000 dólares de valor. El margen es la cantidad requerida que debe tener en su cuenta para utilizar el apalancamiento.

1.3 Diferentes tipos de órdenes de mercado

Orden de compra de mercado (Buy Market): Usted compra el instrumento al precio spot actual.

Orden de compra limitada (Buy Limit): si el precio de mercado actual es 100, puede colocar una orden de límite de compra a 95 para comprar si el precio baja.

Orden de compra stop (Buy Stop): si el precio de mercado actual es 100 y desea comprar si supera los 110, entonces coloca una orden de stop de compra en ese nivel, y se activará si el precio sube por encima.

También puede realizar este tipo de órdenes en el lado de venta .ej. venta limitada (Sell Limit), stop venta (Sell Stop), venta de mercado (Sell Market)..

1.4 Stop loss y Take profit

A veces, el mercado se mueve rápidamente y si no puede estar frente a su computadora, es posible establecer órdenes de salida para sus operaciones. Estas órdenes se denominan **stop-loss** y **take-profit**. Stop Loss es una orden que se activa si su operación se mueve en su contra y termina con una pérdida. Take-profit es lo opuesto, es la cantidad de beneficio que desea del mercado.

2

Trading automático. Algoritmo

2.1 ¿Por qué trading automático? ¿Por qué desarrollar un algoritmo de su estrategia comercial

Hay varias ventajas del trading cuantitativo. Las personas tienen sentimientos y emociones vinculadas a su dinero, prefieren perder poco y ganar a lo grande. Imaginemos que acaba de ejecutar una operación, lo que experimentará es que no desea cerrar una operación perdedora, es difícil asumir la pérdida. Sin embargo, si tiene ganancias, preferirá cerrar su operación con una pequeña ganancia. Lo que también puede experimentar es que el mercado siga a su favor después de cerrar la operación ganadora. Es difícil emocionalmente seguir la regla de "cortar las pérdidas y dejar correr las ganancias". Al automatizar su estrategia, permite que su algoritmo realice la operación y separe sus sentimientos de la estrategia. Su algoritmo tiene reglas predefinidas en que se ejecutan sin su interacción.

Como seres humanos, es difícil y lento monitorear todos los mercados y esperar todas las señales de entrada. Al automatizar sus operaciones, ahorra tiempo y aumenta la cantidad de instrumentos que puede operar porque ejecuta su algoritmo en ellos. Puede operar cuando lo desee, en el mercado que desee, sin tener que pasar tanto tiempo frente a la computadora.

Cuando intentas desarrollar una estrategia comercial, se te vienen varias ideas a la mente. Empiezas a estudiar gráficos y miras los últimos 2-3 meses pasados para ver cómo habría funcionado la estrategia. Ese período no es suficiente, es necesario realizar muchos años de BackTest para demostrar si una estrategia es buena. Eso solo se puede hacer desarrollando un algoritmo y haciendo backtesting de varios años, en diferentes instrumentos y plazos. Sin embargo, no tiene tiempo para hacerlo manualmente porque consumiría mucho tiempo y el tiempo empleado para desarrollar un nuevo sistema de trading disminuiría. Al aprender a codificar, estará equipado para desarrollar nuevas estrategias trading y también podrá detectar las falsas.

2.2 Lenguaje de programación

Hay varios lenguajes que puede utilizar para programar su estrategia comercial. Lo cierto es que no hay mucha diferencia entre los lenguajes. Si puede codificar un lenguaje, también puede codificar otros lenguajes, solo necesita hacer algunos ajustes en la forma en que codifica, pero los conceptos básicos son similares para muchos de ellos.

Utilizaremos la plataforma Meta Trader 4. Usan programación mql que es similar a java/C/C#/C++. Las razones por las que utilizamos esta plataforma son varias. Es de código abierto, lo que significa que es gratis codificar una estrategia, realizar pruebas backtest y ejecutarlas en una cuenta de demostración. La comunidad de operadores que utiliza este lenguaje es enorme, por lo que si tiene algún problema, puede buscar la solución en Google en Internet. Tampoco se tiene que recopilar datos históricos, ya están en la plataforma. Finalmente, muchos corredores utilizan esta plataforma, por lo que no es difícil encontrar un corredor con las preferencias que necesita.

El objetivo de este libro es ser práctico y le enseñará lo que necesita para codificar su propia estrategia comercial.

3

MetaTrader y MetaEditor

3.1 MetaTrader

MetaTrader es la plataforma en la que opera, tiene sus gráficos, ejecuta sus algoritmos, prueba estrategias, básicamente todo lo que ejecuta se hace en esta plataforma. Aquí también puede realizar su comercio manual. Todo lo que normalmente puede hacer en una plataforma comercial, puede hacerlo aquí.

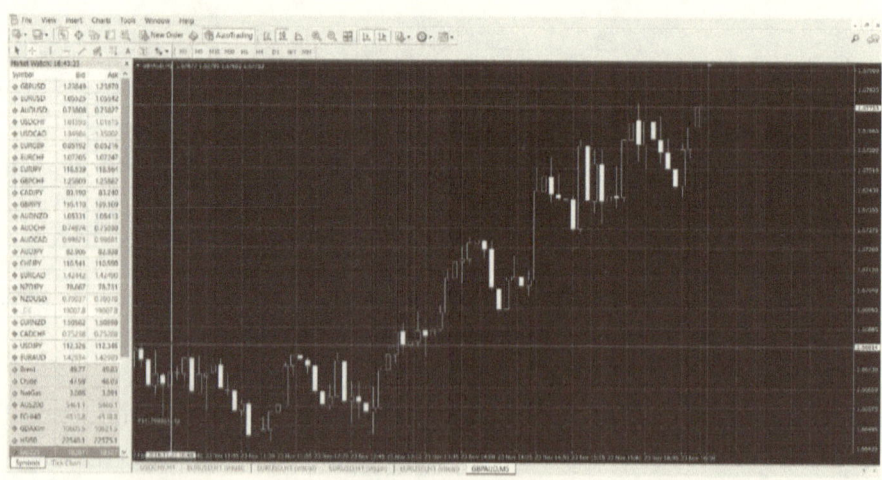

3-1 La imagen de arriba muestra el Meta Trader..

3.2 MetaEditor

Necesitamos lanzar nuestro MetaEditor, que es una plataforma donde creas tus propios indicadores, algoritmos que son asesores expertos o escribes un script codificándolo. Utilizarás MetaTrader para ejecutar lo que codifiques en MetaEditor.

Open MetaTrader – go to the terminal – click on the "yellow book" – you will then open MetaEditor

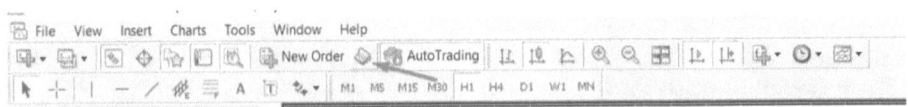

3-2 Abra MetaTrader – vaya a la terminal – haga clic en el "libro amarillo" – luego abra MetaEditor.

Acceso rápido: *Alt +F4*

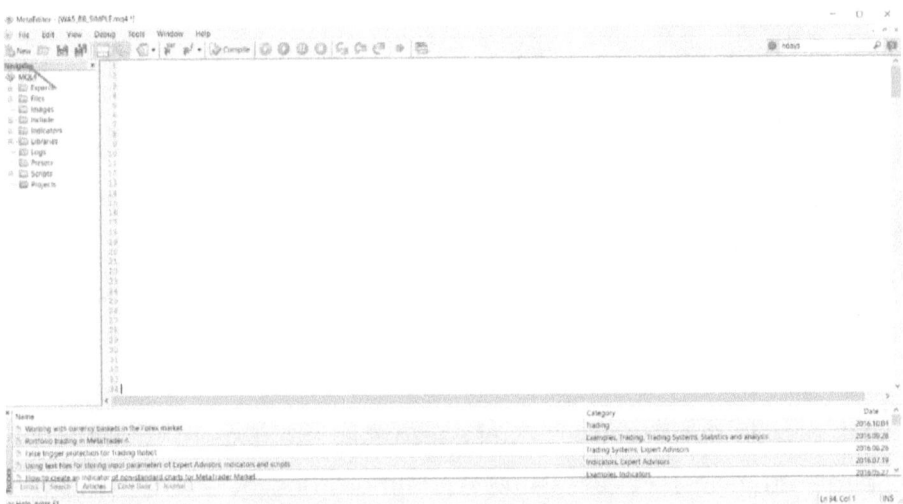

3-3 La imagen de arriba muestra el MetaEditor.

La imagen 3-3 muestra MetaEditor, como MetaTrader, también tiene una barra de herramientas que consta de botones que se utilizan con frecuencia.

3.3 Crear nuevo Asesor Experto / Algoritmo

En la barra de herramientas de la izquierda tienes un botón llamado Nuevo, haz clic en él.

3-4 Este cuadro aparecerá cuando haga clic en el botón nuevo (næste=siguiente en la plataforma en español).

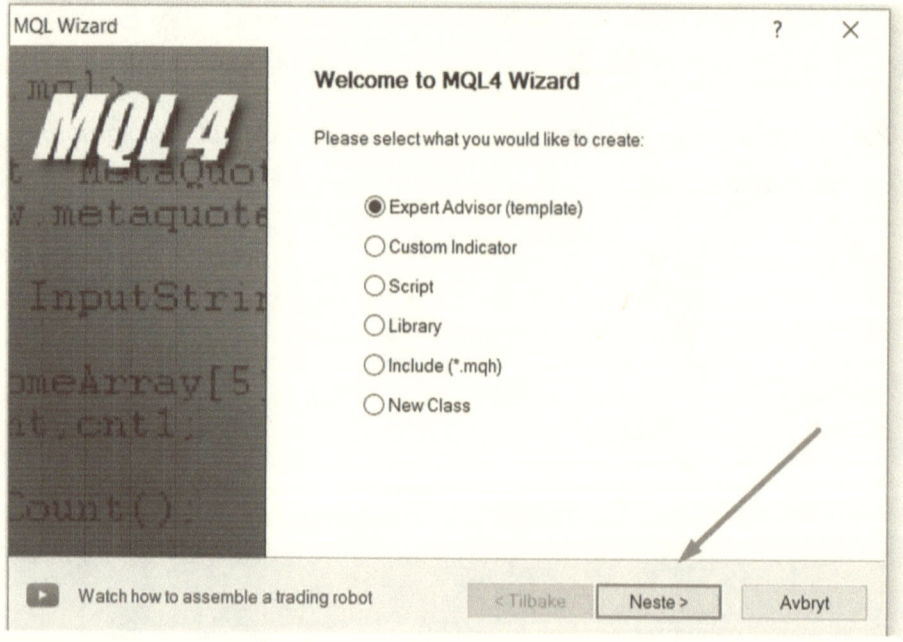

En este editor, tienes la opción de desarrollar varios scripts que puedes ejecutar, pero lo que usaremos es el Asesor Experto (Expert Advisor en la plataforma en inglés), el cual es un Algoritmo de negociación, marcamos Expert Advisor (plantilla) y presionamos Siguiente. Luego, aparecerá una ventana en la cual debe especificar las propiedades generales de su algoritmo.

Nombre: escriba el nombre de su algoritmo

Autor: ¿Quién es el propietario de este algoritmo? Escriba aquí su nombre.

Vínculo: si tiene un sitio web, puede pegar un enlace aquí

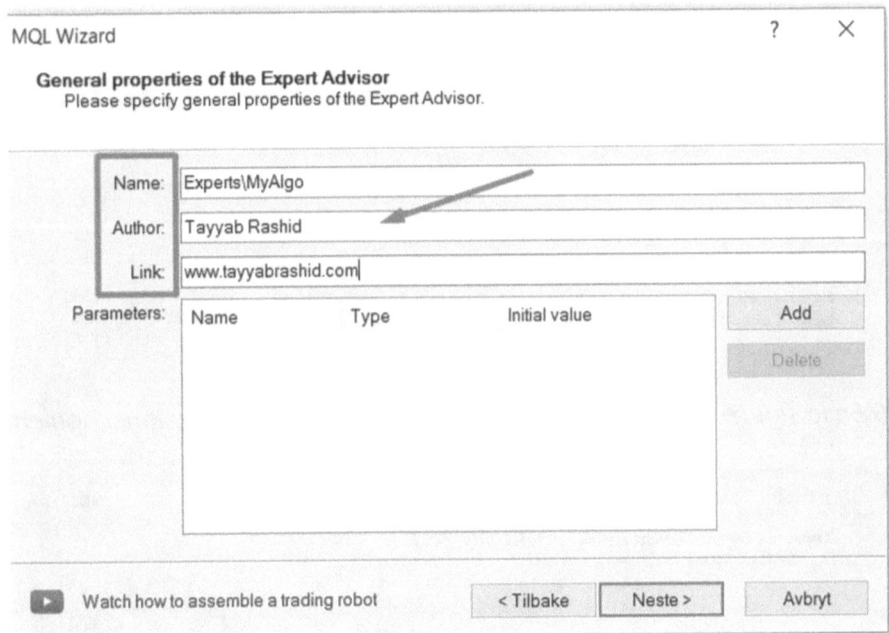

3-5 Propiedades generales de wizard.

No necesita completar nada más que propiedades generales, deje que todo lo demás permanezca como está y presione Siguiente.

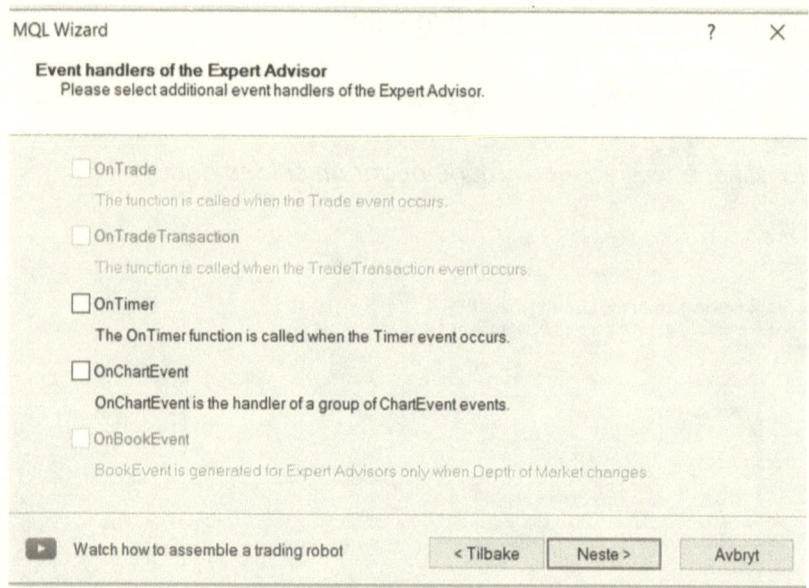

3-6 En la siguiente ventana, marque todas las casillas y presione Siguiente.

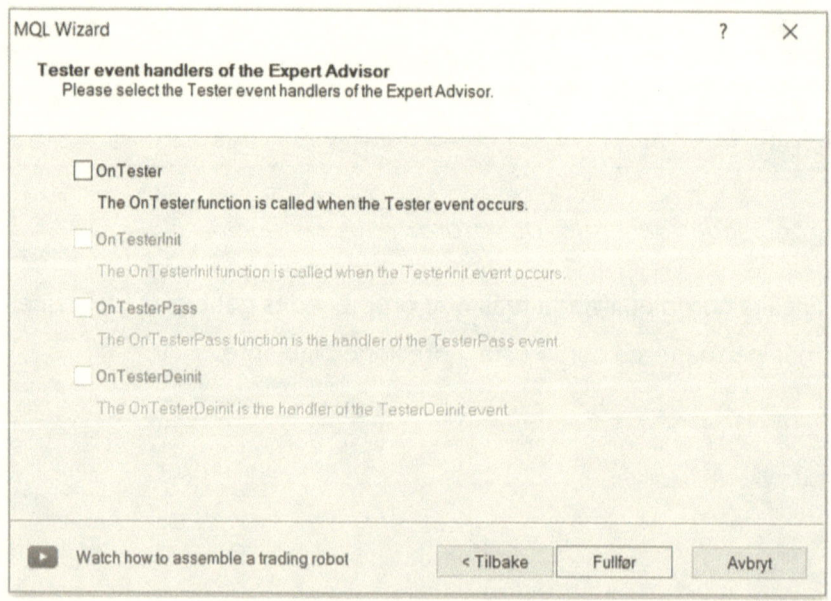

3-7 También en la siguiente ventana marque todas las casillas y presione terminar (fullfør=finalizar en la plataforma en español)

3.4 Comprensión de un script

Después de terminar el nuevo Asesor Experto de Wizard, deberíamos haber creado el cráneo del primer script de nuestro algoritmo. Usaremos esta sección para explicar la ilustración 3-8, puede ver el script. Empiece por examinar el script con atención, todo lo que contiene, incluso cada punto. Debido a que todo en él tiene un significado y es sensible, si escribe algo incorrecto, no podrá ejecutarlo.

3-8 Cráneo vacío o plantilla de un algoritmo (Asesor Experto).

Toda esta sección se llama script; este es la estructura de tu algoritmo.

1. *MyAlgo*, el nombre que escribiste en tu asistente. En el editor, cada panel será un algoritmo y cada uno tendrá su propio nombre.

2. Esta sección tendrá todo lo que escribió en el asistente, su nombre, el nombre del autor, indicando que este script es propiedad del autor

3. Un script se compone de varias funciones y todas las funciones se ejecutarán cuando ejecute su script en una cuenta real o en el probador de estrategias. Usted crea funciones, en las funciones codifica lo que quiere hacer e introduce los comandos de entrada. La función toma su entrada, realiza las operaciones que ha codificado en ella y luego da la salida que le haya codificado. Una función ejecuta todas las operaciones en ella. Siendo predefinidos, todos los scripts vienen con tres funciones, y solo estas tres funciones se usarán para llamar a todas las demás funciones (las funciones pueden llamar a otras funciones). Puede tener la operación en una función que llama a otra función. Como puede ver en su script, tendrá tres funciones. La primera función se llama int OnInit() esta función se ejecutará cuando comencemos a usar este algoritmo, ya sea que lo coloquemos en el gráfico o lo usemos en el probador de estrategias. Solo se llamará una vez al inicio. Esta es una función de inicialización experta.

4. *Void OnDeinit()* esta función se activará al final, cuando separemos nuestro algoritmo del gráfico o detengamos el probador de estrategias. Esta es una función de desinicialización experta.

5. La última función por definir es nuestra función tick. Esta función se ejecuta en cada tick, es decir, cada vez que se ejecuta una operación en el mercado. Entonces, una tick representa una operación.

6. Cada línea tiene su propio número en la secuencia de comandos, por lo que es fácil realizar un seguimiento de los errores. Es importante

tener en cuenta que cuando está escribiendo, la primera instrucción se ejecutará primero, luego la siguiente y así sucesivamente.

3.5 Botón copilador

El botón del compilador (compile) ejecuta su script y comprueba si hay errores, si tiene errores, se lo informará y debe corregirlos. Presione el botón del compilador para verificar si hay errores y verifique si su algoritmo funciona. Siempre presione el botón del compilador mientras codifica su algoritmo para verificar si hay errores. Si comprueba los errores al final, puede resultar difícil corregir tantos errores a la vez. Debajo del script, obtendrá un nuevo cuadro, si no hay errores, dará una salida de 0 errores. También muestra cuánto tiempo tomó ejecutar el script, en el cuadro muestra que tardó 1407 milisegundos en ejecutar este script vacío. Si está operando con alta frecuencia, es importante codificar de manera efectiva para que pueda disminuir el tiempo que lleva ejecutar su script.

3-9 En la parte inferior, aparecerá un mensaje de error si hay algún problema con el script.

4

Introduciendo diagramas de flujo

4.1 ¿Qué es un diagrama de flujo?

Cuando estás codificando o programando, estás escribiendo un programa que consta de diferentes funciones y creas una lógica donde las diferentes funciones se ejecutan una tras otra. Para comprender la lógica de un script, a veces es mejor usar diagramas de flujo, los cuales utilizaremos en el resto del libro.

Definición de un diagrama de flujo en Wikipedia:

*Un **diagrama de flujo** es un tipo de diagrama que representa un algoritmo, flujo de trabajo o proceso, mostrando los pasos como cuadros de varios tipos y su orden conectándolos con flechas. Esta representación esquemática ilustra un modelo de solución a un problema dado. Los diagramas de flujo se utilizan para analizar, diseñar, documentar o gestionar un proceso o programa en varios campos.*

Un script puede ejecutarse en tiempo real en una demostración o en una cuenta real, luego debe adjuntar su algoritmo a un gráfico o probarlo en el probador de estrategias. Bajo el desarrollo de un algoritmo, puede usar el probador de estrategias con frecuencia y probar su algoritmo, luego ejecutarlo en su cuenta.

En nuestro desarrollo, solo utilizaremos el probador de estrategias para probar nuestro script.

4.2 Objectos de un diagrama de flujo

Forma	Nombre	Descripción
	Linea de flujo	Una flecha que viene de un símbolo y termina en otro símbolo representa que el control pasa al símbolo al que apunta la flecha. La línea de la flecha puede ser sólida o discontinua. El significado de la flecha con línea discontinua puede diferir de un diagrama de flujo a otro y se puede definir en la leyenda.
	Terminal	Representado como círculos, óvalos o rectángulos redondeados. Por lo general, contienen la palabra "Inicio" o "Fin", u otra frase que indique el inicio o el final de un proceso, como "enviar consulta" o "recibir producto".
	Proceso	Representado como rectángulos. Esta forma se usa para mostrar que se realiza algo. Ejemplos: "Agregar 1 a X", "reemplazar parte identificada", "guardar cambios", etc.
	Decisión	Representado como un diamante (rombo) que muestra dónde es necesaria una decisión, comúnmente una pregunta de Sí / No o una prueba de Verdadero / Falso. El símbolo condicional es peculiar porque tiene dos flechas que salen de él, generalmente desde

		el punto inferior y el punto derecho, una correspondiente a Sí o Verdadero y otra correspondiente a No o Falso. (Las flechas siempre deben estar etiquetadas). Se pueden usar más de dos flechas, pero esto normalmente es un indicador claro de que se está tomando una decisión compleja, en cuyo caso puede ser necesario desglosarla más o reemplazarla con el símbolo de "proceso predefinido". La decisión también puede ayudar en el filtrado de datos.
(paralelogramo)	Entrada/Salida	Representado como un paralelogramo. Implica recibir datos y mostrar datos procesados. Solo se puede pasar de la entrada a la salida y no al revés. Ejemplos: obtener X del usuario; mostrar X.
(rectángulo con doble lateral)	Proceso predefinido	Representado como rectángulos con doble lateral en cada lado; estos se utilizan para mostrar pasos de procesamiento complejos que pueden detallarse en un diagrama de flujo separado. Ejemplo: archivos de proceso. Una subrutina puede tener varios puntos de entrada o flujos de salida distintos (consulte la co-rutina). Si es así, estos se muestran etiquetados como 'pozos' en el rectángulo, y las flechas de control se conectan a estos 'pozos'.

	Preparación	Representado como un hexágono. También se puede llamar inicialización. Muestra las operaciones que no tienen otro efecto que la preparación de un valor para un paso de decisión o condicional posterior. Alternativamente, esta forma se utiliza para reemplazar la forma de decisión en el caso de bucle condicional.
	Conector	Generalmente representado con un círculo, que muestra dónde convergen múltiples flujos de control en un solo flujo de salida. Tendrá más de una flecha entrando, pero solo una saldrá. En casos simples, uno puede simplemente tener una flecha apuntando a otra flecha en su lugar. Estos son útiles para representar un proceso iterativo (lo que en Ciencias de la Computación se llama bucle/loop). Un bucle puede consistir, por ejemplo, en un conector donde entra el control primero, el procesamiento de los pasos, un condicional con una flecha que sale del bucle y otra que regresa al conector. Para mayor claridad, siempre que dos líneas se crucen accidentalmente en el dibujo, una de ellas puede dibujarse con un pequeño semicírculo sobre la otra, lo que demuestra que no se pretende una conexión.

4-1 Explicación de los elementos en un diagrama de flujo.

4.3 Diagrama de flujo de una plantilla de algoritmo simple

Comenzamos haciendo un diagrama de flujo de la plantilla que creamos en el último capítulo con las funciones predefinidas y vemos cómo funcionan las cosas.

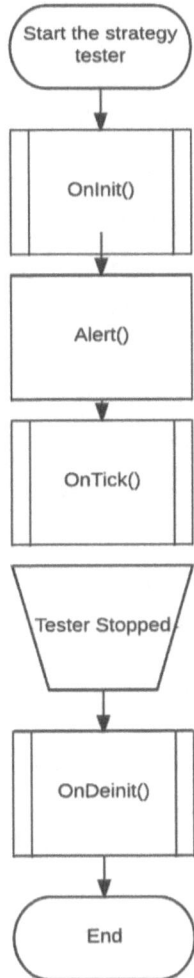

4-2 Diagrama de flujo de la plantilla de algoritmo simple del último capítulo.

Explicación del diagrama de flujo en la ilustración 4-2

1. Inicia haciendo clic en el probador de estrategias, presionando el botón en su plataforma.

2. Luego ejecuta todo lo indicado en la función OnInit (), solo se ejecutará una vez.

3. Cuando finaliza la función de inicialización, también finaliza con toda la función OnInit (). Luego llama a la función OnTick () que se ejecuta cada vez que ocurre un nuevo tick, cuando se ha realizado un nuevo intercambio en ese instrumento. Continuará ejecutando esta función hasta que finalice el probador de estrategias (ya sea manualmente por nosotros o haya pasado por todos los períodos de muestra).

4. Puede detener el probador de estrategias manualmente presionando el botón de parar, o cuando la ejecución finalice durante el período de tiempo, esto lo detendrá automáticamente. Tenga en cuenta la forma del objeto de diagrama de flujo, esta es la forma de las operaciones manuales. Entonces, cuando ocurra este evento, dejará de ejecutar el script y ejecutará la siguiente operación.

5. Cuando hayamos detenido el probador de estrategias, se ejecutará todo en la función OnDeinit(). Hemos llegado al final del algoritmo y nuestro script está terminado.

A estas alturas, debería comprender el flujo de las funciones predefinidas en nuestro script. Inicia desde la parte superior del diagrama de flujo y ejecuta todo. Una vez que ha terminado de ejecutar todo en una función, pasa el control a la siguiente operación en nuestro diagrama de flujo.

Ejercicio

Intente eliminar OnDeinit() del script y luego compile. ¿Tiene algún impacto en el error? ¿Recibiste algún error que debas incluir en esa función?

5

Introduciendo funciones

5-1 ¿Qué es una función?

Codificar consiste en diseñar diferentes funciones; introduce diferentes comandos de entrada en la función y quiere que ejecute algo. Puede obtener un resultado de la función o simplemente puede utilizarlo para hacer algo como colocar un intercambio.

la función de salida luce así:

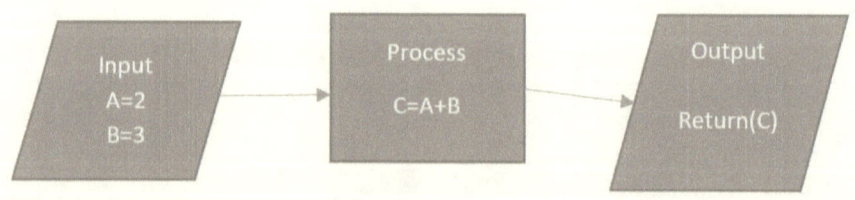

5-1 Ilustración de una función que tiene una salida.

Tiene variables de entrada y les asigna un valor. En el proceso, agrega ambos valores de entrada y obtiene una nueva variable C que contiene el valor agregado, que es el resultado de esta función. Cuando ejecute esta función, devolverá la variable C, que en este caso tiene un valor de 5.

La función sin salida tiene este aspecto:

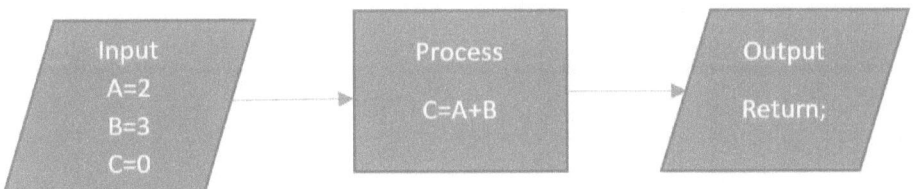

5-1 Ilustración de una función que no tiene salida.

Este es otro tipo de función, aquí tienes tres variables como entradas A, B y C. Tienen valores asignados 2,3 y O. También en esto tenemos un proceso que es sumando A + B y asignamos este valor agregado a la variable C. Cuando el proceso finaliza, C tendrá el valor de 5 (A + B = 2 + 3) y la función no devolverá nada, y ambas se denominan funciones. Simplemente le da un nuevo valor a nuestra variable C y no devuelve nada.

5-2 Definición de variables de entrada

Puede utilizar palabras y números en la función. Siempre debe iniciar definiendo qué tipo de variable es, nombrar la variable y luego asignar el valor que desea usar en su función.

Digamos que quiere hacer una función que sume 2 + 3 y obtenemos una respuesta. Si solo escribimos 2 + 3 = esto es incorrecto, obtendrá un mensaje de error y no se ejecutará.

Empiece por definir sus variables de entrada. Los números enteros como 2 y 3 son variables de tipo entero (int).

You write these input variables like this:

```
int A=2;
int B=3;
int C=0;
```

5-3

Las tres son variables de tipo entero, por lo que comienzan con la palabra int, un espacio, y luego escribimos nuestra variable. Queremos nombrar ese valor, nuestro valor 2 se llama A. Entonces, en el proceso cuando desee usar el número 2, lo usa escribiendo nombres de variables como C = A + B.

También debe tener en cuenta el punto y coma al final de cada variable. Asignar valor a cada una de las variables es una operación separada, y terminamos cada una de las operaciones con un punto y coma. Arriba tenemos tres operaciones, cuando el programa está leyendo nuestro script después del punto y coma, sabe que una operación ha terminado. Asigna su valor y pasa a la siguiente operación, asignando valor a la siguiente variable. Usaremos un punto y coma cada vez que finalice una operación. Es como un punto en una oración.

5-3 Diferentes tipos de variables en Mql4

Integer: Esta variable es números enteros que significa 1,2,3,4

Ejemplo:

```
int ShortMA=20;
int LongMA=100;
```

5-4

Hemos declarado variables que pueden ser variables de entrada para diferentes períodos de promedio móvil en una función de promedio móvil. Tenga en cuenta el punto y coma nuevamente.

Double: Esta es una variable que es un número con un decimal 1.02, 0.02, etc.

Ejemplo:

```
double Stoploss=0.0020;
```

5-5

String: Es un tipo de texto y siempre debe escribirse con comillas como "Hedge", "Martingala" o "EUR USD".

Ejemplo:

```
string word="helloword";
```

5-6

Bool: Esta es una variable que puede tener un valor de VERDADERO o FALSO, es de tipo boolean.

Ejemplo:

```
bool yes=TRUE;
```

5-7

Ejercicio:

Defina qué tipo de variable es:

John, 1.2, 50, 100, y su sistema de trading.

5.4 Tipos de función

Los tipos de funciones se deciden según el resultado que desee de ellas. Podemos comenzar dividiendo funciones en dos grupos principales en función de si dan una salida o no.

Tipo de funciones de salida

Integer: Igual que la variable de entrada, si está creando una función donde la salida es un número entero, este es el tipo de función.

Double: Igual que la variable de entrada doble, si su salida va a tener decimales, necesita este tipo de función.

String: Igual que la variable de entrada de cadena, si su salida va a ser de tipo texto, este es su tipo de función.

Boolean: Igual que la variable de entrada booleana, si su salida va a indicar falso o verdadero, tendrá que utilizar una función de tipo booleano.

Lo que todos tienen en común es que devuelven algo.

Tipo de función sin salida

Solo hay un tipo y se llama **void**. Esta es una función que solo ejecuta lo que está en la función pero no da salida, no devuelve nada. La mayoría de las veces se usa para calcular otra variable que hemos definido pero a la que todavía no le hemos asignado un valor, o para ejecutar otra función.

5.5 Objetos de una función

```
functiontype FunctionName()
{

return;
}
```

5-9

La figura 5-9 muestra objetos de una función.

Functiontype: Que puede ser int, double, string o bool si es una función de salida o nulo si es una función que no es de salida

FunctionName: Aquí escribirás el nombre de tu función seguido de un paréntesis de apertura y cierre (). Fíjate también que hemos terminado una línea pero esta vez no estamos terminando la línea con punto y coma, esto se debe a que aún no hemos terminado con este proceso. Como una sola línea, este tipo de función y el nombre de la función no tienen sentido.

Corchetes de apertura y cierre: Toda la función debe estar en la línea después de definir el tipo y dar el nombre terminado entre paréntesis. La siguiente línea debe ser un corchete de apertura {que señala el inicio de la función. Todo lo que escriba después del corchete, las siguientes líneas se ejecutarán cuando llame a esta función. Cerramos la función con un corchete de cierre} para definir un final de la función, <u>pero antes del final tenemos que escribir return</u>; si es tipo void y return (lo que queremos devolver) si es una función de salida.

Tarea 1:

Cree una función en la que tenga tres variables de entrada A, B y C.

A=3

B=4

C=0

Donde la función agregará A + B y asignará el valor a C, entonces C debería ser la variable de entrada y asígnele el nombre MyFunction.

```
int MyFunction()
{
    int A=3;
    int B=4;
    int C=0;

    C=A+B;
    return(C);

}
```

5-10

Arriba puede ver una función de salida, ya que tenemos un tipo de salida entero que es un número entero, el tipo de función es int. Luego le damos el nombre MyFunction() y establecemos un corchete de apertura. Luego definimos todas las variables que usaremos, son de tipo entero, las terminamos con punto y coma.

Después de darle a C el valor agregado, devolvemos C, lo que significa que siempre que iniciemos la función escribiendo: MyFunction(); es igual al valor 7 que es el valor de retorno.

Tarea 2:

Cree una función en la que tenga tres variables de entrada A, B y C.

A=3

B=4

C=0

Donde la función agregará A + B y asignará el valor a C, use la función Print en Print C y asígnele el nombre MyFunction.

```
void MyFunction()
{
    int A=3;
    int B=4;
    int C=0;

    C=A+B;
    Print(C);

}
```

5-11

Tenemos la misma operación en esta función pero la diferencia es el tipo, el objetivo de la función, no devolverá nada. Simplemente imprimirá el valor de C en el diario terminal. Cuando utilice a MyFunction(); ahora no devolverá nada.

5.6 Alertas "Hello World"

Juguemos un poco con esto para comprender cómo funcionan las funciones y ejecutar nuestro algoritmo por primera vez. Escribamos una operación.

Alert("Hello World");

Alert() es una función en metatrader.

"Hello Word" es la oración que queremos que se muestre, la oración debe escribirse entre comillas. Al final de la operación indicamos que esta operación ha finalizado y cerramos el enunciado con punto y coma ";". Veamos el archivo de ayuda para esa función. *Resaltas "Alert" y presionas F1*

Alert

Displays a message in a separate window.

```
void  Alert(
   argument,      // first value
   ...            // other values
   );
```

Esta función muestra el mensaje en una ventana separada.

Entonces escribimos esta función primero en la función OnInit() y presionamos compile. Así:

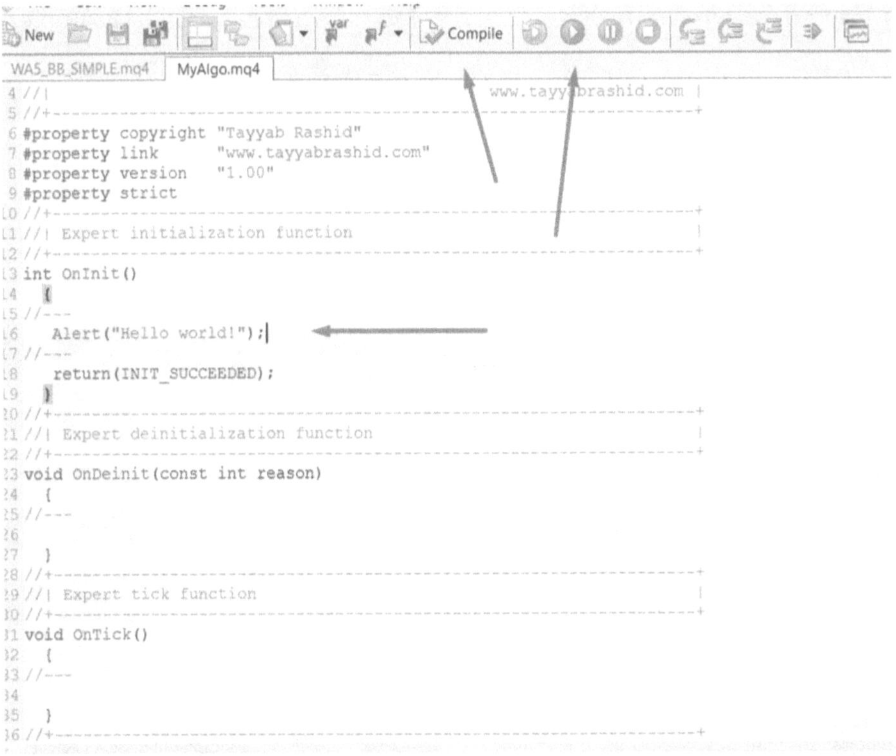

```
 4 //|                                        www.tayyabrashid.com |
 5 //+-------------------------------------------------------------+
 6 #property copyright "Tayyab Rashid"
 7 #property link     "www.tayyabrashid.com"
 8 #property version  "1.00"
 9 #property strict
10 //+-------------------------------------------------------------+
11 //| Expert initialization function                              |
12 //+-------------------------------------------------------------+
13 int OnInit()
14   {
15 //---
16    Alert("Hello world!");|
17 //---
18    return(INIT_SUCCEEDED);
19   }
20 //+-------------------------------------------------------------+
21 //| Expert deinitialization function                            |
22 //+-------------------------------------------------------------+
23 void OnDeinit(const int reason)
24   {
25 //---
26
27   }
28 //+-------------------------------------------------------------+
29 //| Expert tick function                                        |
30 //+-------------------------------------------------------------+
31 void OnTick()
32   {
33 //---
34
35   }
36 //+-------------------------------------------------------------+
```

Después de presionar compile sin obtener errores, vamos a nuestro Metatrader e intentamos ejecutar el script.

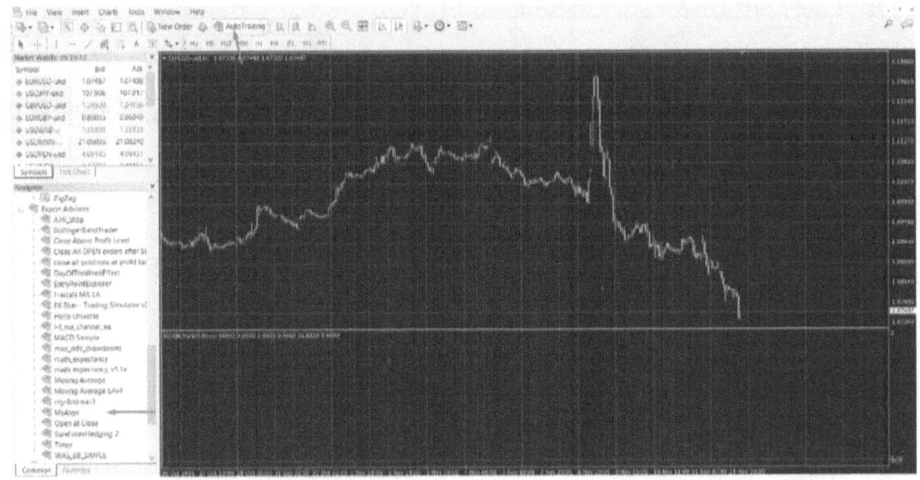

5-12 Vaya a la terminal habilite AutoTrading y arrastre y suelte MyAlgo en su gráfico.

Primero debemos habilitar el trading automático y luego ir a la ventana de nuestro navegador a la izquierda y arrastrar "MyAlgo" y soltarlo en el gráfico.

Aparecerá la siguiente ventana, simplemente haga clic en "Aceptar/OK".

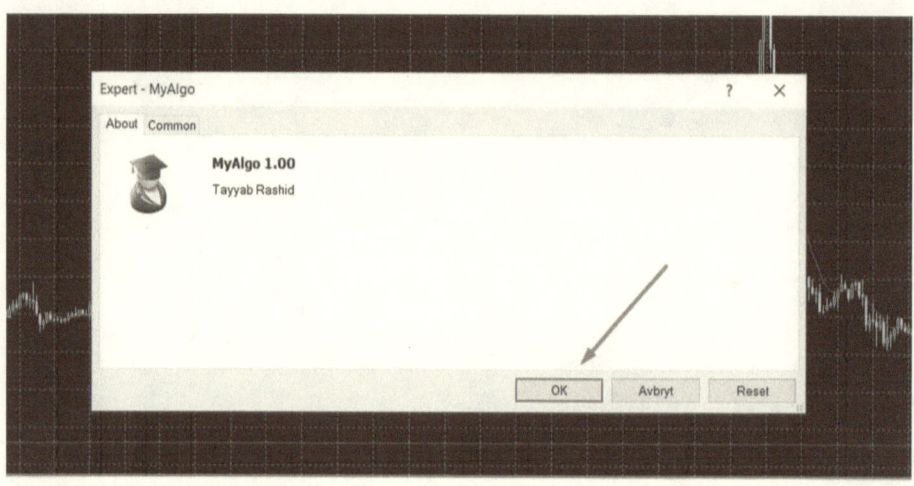

5-12 Solo haga clic en OK.

Ahora el algoritmo se está ejecutando en este gráfico y período de tiempo. Inmediatamente después de recibir una Alerta, es porque teníamos la función Alert() en la función Initialization(OnInit ()) y esto se ejecuta una vez al inicio de su algoritmo

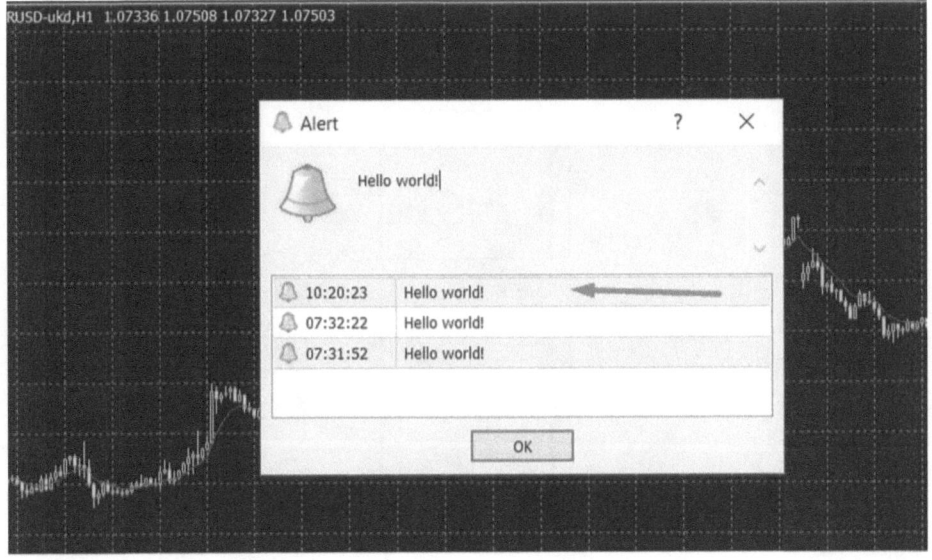

5-13 Así es como se mostrará la alerta en su terminal.

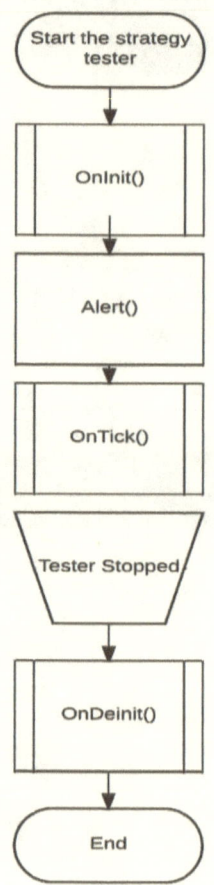

5-14 Diagrama de flujo cuando tenemos la función Alert() en OnInit()

Puede ver cómo progresa el flujo, después del inicio, llama a la función OnInit() que llama a la función Alert(). Después de ejecutar la función Alert(), pasa el control a la función Ontick().

Experimentemos, ahora coloquemos la función Alert() en la función Des inicialización, luego compilemos y volvamos a colocar en el gráfico.

Primero debemos eliminar el algoritmo del gráfico. Haga clic derecho en el gráfico y abra el menú desplegable. Haga clic en Asesor experto – Eliminar

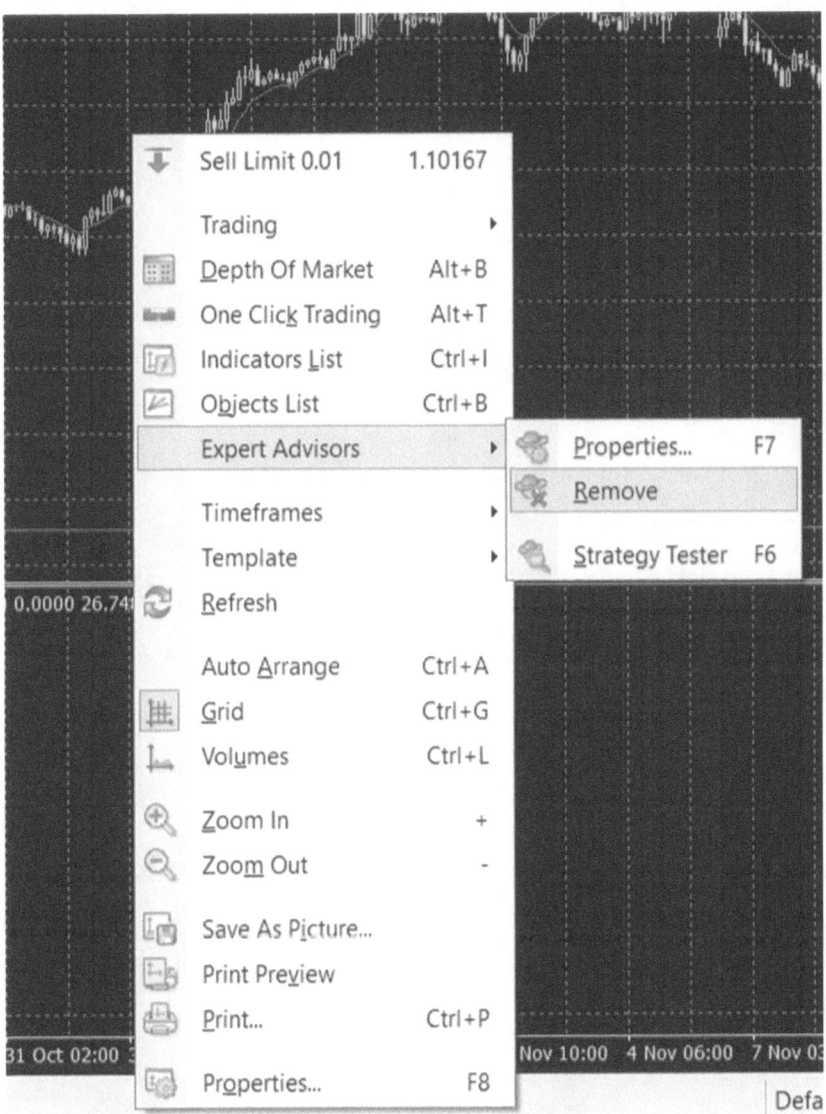

5-15 Cómo eliminar su algoritmo del gráfico o detenerlo.

```
WA5_BB_SIMPLE.mq4   MyAlgo.mq4
 4 // |                                          www.tayyabrashid.com |
 5 //+---------------------------------------------------------------+
 6 #property copyright "Tayyab Rashid"
 7 #property link      "www.tayyabrashid.com"
 8 #property version   "1.00"
 9 #property strict
10 //+---------------------------------------------------------------+
11 //| Expert initialization function                                |
12 //+---------------------------------------------------------------+
13 int OnInit()   ◄────────
14   {
15 //---
16
17 //---
18    return(INIT_SUCCEEDED);
19   }
20 //+---------------------------------------------------------------+
21 //| Expert deinitialization function                              |
22 //+---------------------------------------------------------------+
23 void OnDeinit(const int reason)  ◄────────
24   {
25 //---
26    Alert("Hello world!");
27   }
28 //+---------------------------------------------------------------+
29 //| Expert tick function                                          |
30 //+---------------------------------------------------------------+
31 void OnTick()
32   {
33 //---
34
35   }
36 //+---------------------------------------------------------------+
```

5-16 Si ponemos la función Alert() en la función Oninit()

Aquí hemos movido nuestra función de OnInit() a OnDeinit(). De nuevo, arrastramos y soltamos, no pasará nada, pero si ahora intenta eliminar su algoritmo de su gráfico, aparecerá la alerta. Porque todas las funciones en OnDeinit ejecutarán la función cuando detengamos nuestro algoritmo. Vea el diagrama 5-17.

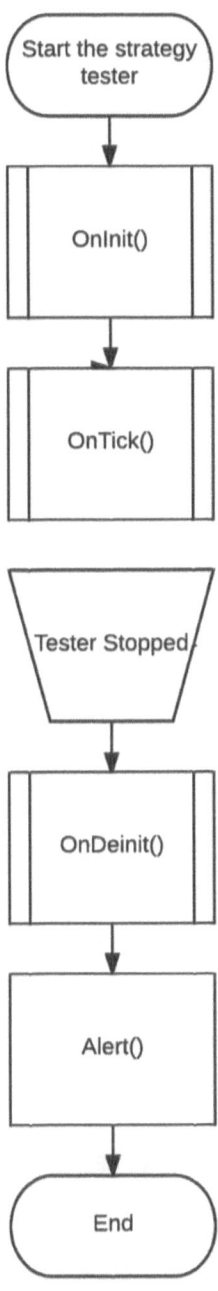

5-17 Diagrama de flujo si pones la función Alert() en la función OnDeinit().

Pongamos nuestra función de Alerta en la función OnTick(), esto ejecuta la función en cada tick. Recibirá mensajes todo el tiempo, hasta que detenga el probador o elimine el algoritmo del gráfico,

```
  WA5_BB_SIMPLE.mq4 | MyAlgo.mq4 |
  7 #property link        "www.tayyabrashid.com"
  8 #property version     "1.00"
  9 #property strict
 10 //+--------------------------------------------------+
 11 //| Expert initialization function                   |
 12 //+--------------------------------------------------+
 13 int OnInit()
 14   {
 15 //---
 16
 17 //---
 18    return(INIT_SUCCEEDED);
 19   }
 20 //+--------------------------------------------------+
 21 //| Expert deinitialization function                 |
 22 //+--------------------------------------------------+
 23 void OnDeinit(const int reason)
 24   {
 25 //---
 26
 27   }
 28 //+--------------------------------------------------+
 29 //| Expert tick function                             |
 30 //+--------------------------------------------------+
 31 void OnTick()
 32   {
 33 //---
 34     Alert("Hello world!");
 35   }
 36 //+--------------------------------------------------+
```

5-20 Así es como colocaremos la función Alert() en la función OnTick(). Llamamos a una función nombrando la función con paréntesis, una entrada y terminando con punto y coma.

La función tick llamará a la función Alert() en cada tick, cada vez que haya ocurrido una nueva operación.

Después de compilar su algoritmo, arrastre su algoritmo desde las ventanas del navegador y vuelva a colocarlo en el gráfico. Ahora verá que la función de alerta se llama con frecuencia en cada marca de verificación en su pantalla.

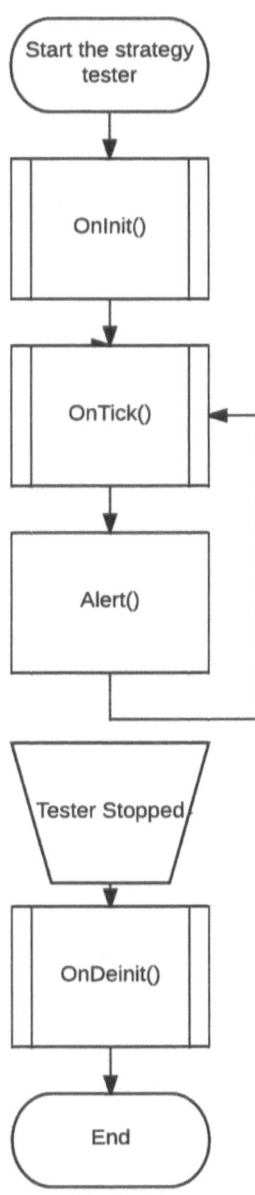

5-19 Diagrama de flujo cuando colocas la función Alert() en la función OnTick().

Lo que deberías saber ahora.

- Cómo empezar a escribir un script – Nuevo Algo
- Funciones OnInit(), OnDeinit() y Ontick()
- Cómo compilar su Algo
- Cómo ejecutar su Algo
- Cómo dejar de correr Algo
- Cómo mostrar una alerta

5.7 Declarar diferentes variables de entrada

Hay dos lugares. Uno de los lugares se llama área global, las variables aquí declaradas se pueden usar en cualquiera de las otras funciones, y esta área está por encima de todas las funciones, por encima de la función OnInit() también.

```
WA5_BB_SIMPLE.mq4    MyAlgo.mq4 *
 7 #property link      "www.tayyabrashid.com"
 8 #property version   "1.00"
 9 #property strict
10
11 int ShortMA=20;    1
12 int LongMA=100;
13 Int LongMA=100
14
15 double TakeProfit=0.0040;  2
16 double StopLoss=0.0020;
17 Double Stoploss=0.0020;
18
19 string Word="HelloWord";  3
20
21 extern int ShortMA2=20;   4
22
23 //+--------------------------------------------------+
24 //| Expert initialization function                   |
25 //+--------------------------------------------------+
26 int OnInit()
27   {
28 //---
29
30 //---
31    return(INIT_SUCCEEDED);
32   }
33 //+--------------------------------------------------+
34 //| Expert deinitialization function                 |
35 //+--------------------------------------------------+
36 void OnDeinit(const int reason)
37   {
38 //---
39
```

5-20 Como declaramos las variables de entrada en el área global.

1. Para declarar una variable entera usamos int, es importante tener en cuenta que este lenguaje de programación distingue entre mayúsculas y minúsculas, por lo que si escribe INT o Int obtendrá un mensaje de error. Verás que cuando escribimos int de la manera correcta obtenemos esa palabra en azul pero cuando escribimos Int obtenemos esa palabra en negro, lo cual es incorrecto. A continuación, lo que es importante, ve en la línea 13 que no tenemos un punto y coma después de la declaración, esto significa que no hemos cerrado esta declaración, entonces es otro error.

Así que cuatro conclusiones de esto:

1. int = este es un tipo de variable entera

2. El nombre de la variable es *ShortMA*

3. El valor asignado a esta variable es 20

4. Cerramos cada declaración independiente con un punto y coma;

    1. Usamos *double* para decir qué tipo de variable es, esta es una variable con un valor numérico que incluye decimales, y le asignamos un valor.

    2. Usamos *string* para decir qué tipo de variable es, el nombre de la variable es una *palabra* y luego asignamos "HelloWorld" como valor, *recuerde* las comillas y agregamos y cerramos esta operación o declaración con punto y coma.

    3. Todas estas variables están declaradas por encima de todas las demás funciones, esto es clave porque luego las podemos utilizar en todas las funciones siguientes. Este programa ejecuta la primera instrucción primero y luego la siguiente. Entonces, si tiene una función en la línea 5 pero la variable usada en la función está en la línea 15, entonces esta función no tendrá una variable para usar porque no está declarada. Todas estas variables se declaran fuera de cualquier función, esto significa que todas se pueden utilizar en cualquier función siguiente, pero si declaramos una variable dentro de una función, solo podemos utilizar esa variable en esa función en particular.

    Por último, en la imagen de arriba puede ver que la última variable tiene escrito extern delante de ella. Esto se debe a que ahora podemos cambiar esta variable cuando estamos probando la estrategia (ejecutando este algoritmo) y podemos optimizarla.

En el script anterior, si elimina las líneas 13 y 17 y luego compila, no obtendrá errores y podrá ejecutar su script. Luego arrastre y suelte este algoritmo en cualquier gráfico y obtendrá un cuadro, haga clic en el panel llamado input, verá que solo la variable donde teníamos extern antes se pueda cambiar. Por lo tanto, si usa una variable que desea que sea modificable, simplemente debe escribir extern antes.

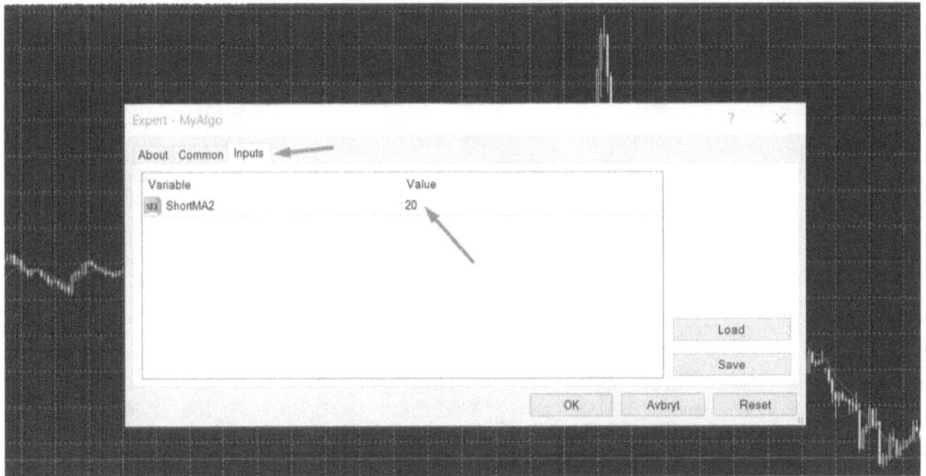

5-21 Cuadro de entrada cuando usa variables extern.

La imagen 5-21 ilustra cómo usamos las variables locales, esas variables se declaran dentro de la función y solo pueden ser utilizadas por esta función.

```
void MyFunction()
{
    int A=3;
    int B=4;
    int C=0;

    C=A+B;
    Print(C);

}
```

5-21 Esto muestra cómo aparecen las variables de entrada en el área local.

Utilizamos la *variable global* cuando queremos cambiar la variable de entrada más adelante cuando estamos ejecutando la estrategia u optimizándola. Se puede utilizar en el área global cuando hay varias funciones que utilizan la misma variable de entrada. Tal vez haya diseñado una función en la que asigna valor a una variable usando la función uno, y luego una variable con un valor asignado por la función uno es usada por la función dos.

Lo que debe saber de esta sesión:

- Diferentes tipos de variables utilizadas, string, integer and double

- Cómo declarar una variable

- Cómo finalizar una declaración u operación

- Que este lenguaje de programación distingue entre mayúsculas y minúsculas, debe escribir la letra correcta

- Dónde en el script se deben declarar las variables

- Cómo declarar variables modificables

6

Función NewOrder()

6.1 Description de la función

Vamos a crear una función llamada NewOrder(), será un tipo de función nula y no devolverá nada. Recuerda que para anular tenemos que escribirlo en minúsculas.

6.2 Creando la función

```
void NewOrder()
{
return;
}
```

6-1 Empezamos escribiendo void, Nombre de la función, corchete de apertura y cierre.

Este es el comienzo de la escritura de la función, todavía no hemos escrito nada en ella, es un cráneo vacío. Es apertura y cierre de la función. El tipo es nulo porque esta función no devolverá nada, el nombre es NewOrder seguido de paréntesis de apertura y cierre. En la siguiente línea tenemos un corchete de apertura y luego escribimos return; antes del paréntesis de cierre de la función.

```
 WA5_BB_SIMPLE.mq4    MyAlgo.mq4 *
12 //| Expert initialization function                                    |
13 //+---------------------------------------------------------------+
14 int OnInit()
15    {
16 //---
17
18 //---
19    return(INIT_SUCCEEDED);
20    }
21 //+---------------------------------------------------------------+
22 //| Expert deinitialization function                                |
23 //+---------------------------------------------------------------+
24 void OnDeinit(const int reason)
25    {
26 //---
27
28    }
29 //+---------------------------------------------------------------+
30 //| Expert tick function                                            |
31 //+---------------------------------------------------------------+
32 void OnTick()
33    {
34 //---
35
36    }
37 //+---------------------------------------------------------------+
38 //+---------------------------------------------------------------+
39 //|Our own New order send function                                  |
40 //+---------------------------------------------------------------+
41 void NewOrder()
42 {
43 return;
44 }|
```

6-2 La nueva función está debajo de todas las demás funciones, las funciones predefinidas.

Es importante saber que todas las funciones que creamos se escribirán debajo de nuestras funciones predefinidas en el script.

Ahora crearemos una función que tenga las siguientes variables de entrada en el área global:

extern double TakeProfit=0.0050

extern double StopLoss=0.0025

extern double LotSize=0.01

Todos ellos tienen externos, lo que significa que se pueden cambiar cuando estamos ejecutando esta estrategia o en el probador de estrategias.

OrderSend()

Esta es una función de tipo entero. Que devuelve un valor de 1 si la orden de mercado se ha abierto y un valor negativo si la orden de mercado no se abrió correctamente.

int Result=OrderSend(); *Tenemos una variable de almacenamiento llamada Result que almacenará el valor que devuelve esta función.*

La función OrderSend() tiene algunas variables de entrada, que separaste por comas.

1. Symbol, este lo escribiremos como Symbol() porque esta función devolverá el símbolo del gráfico en el que se ejecuta este algoritmo

2. Tipo de orden. Tenemos 6 tipos diferentes de órdenes.

    a. OP_BUY=Orden de compra de mercado

    b. OP_SELL=Orden de venta de mercado

    c. OP_BUYLIMIT=Orden de compra limitada

    d. OP_BUYSTOP =Orden stop compra

    e. OP_SELLLIMIT=Orden de venta limitada

    f. OP_SELLSTOP=Orden de stop compra

3. Cantidad o LotSize, ya que podemos escribir LotSize aquí o tener una variable a la que le hemos asignado una cantidad de LotSize y escribirla en su lugar.

4. El precio se puede pedir (precio ask) o pujar. Como queremos comprar, usamos el precio de venta actual. Nunca completaremos nuestro pedido a precio de oferta si queremos comprar. Solo intente usar la oferta y no obtendrá ninguna operación si compra.

5. Slippage, cuánto deslizamiento permitimos, es decir, cuál puede ser la diferencia entre el precio que vemos como oferta y el precio real que obtenemos por nuestro pedido. Lo configuraremos en 3 pips.

6. StopLoss, si lo ponemos en 0, no tendremos ningún stop loss. Podemos escribir un valor directamente en este campo, nuestro valor asignado a una variable y escribir la variable en su lugar. Ya hemos asignado un valor a nuestra variable StopLoss, así que lo usaremos en su lugar. Debido a que se trata de una orden de compra, tenemos que restar el StopLoss del precio de venta, y ese nivel de precio será nuestro stop loss.

7. Al igual que StopLoss, usaremos una variable TakeProfit. Pero con las órdenes de compra, debemos agregar la toma de ganancias al precio de venta, para obtener nuestro nivel de TakeProfit.

8. Comentario, si queremos que se muestre algún comentario lo escribimos como un STRING con comillas o NULL si no queremos ningún comentario. Hemos usado NULL aquí.

9. Magicnumber: Usamos 1234. Esto no es nada especial, pero es posible que tenga un Magicnumber diferente si está ejecutando varios algoritmos en el mismo par.

10. Esta variable es el tiempo de vencimiento, cuando desea que se cancele este pedido, si lo establece en 0, nunca se cancelará. Esta variable está expresada en segundos.

11. Flecha, si desea marcar cualquier flecha en el gráfico cuando se ejecute esta operación, escríbala aquí, pero no la queremos, así que escribimos solo clrNONE.

A estas alturas ya debería haber terminado su función OrderSend() y haber cerrado con un paréntesis de cierre y un punto y coma, debería tener esta función:

```
void NewOrder()
{
    int
Result=OrderSend(Symbol(),OP_BUY,LotSize,Bid,3,StopLoss,TakeProfit,NULL,1234,0,clrNONE);
return;
}
```

6-3 Nuestra primera función NewOrder() está terminada.

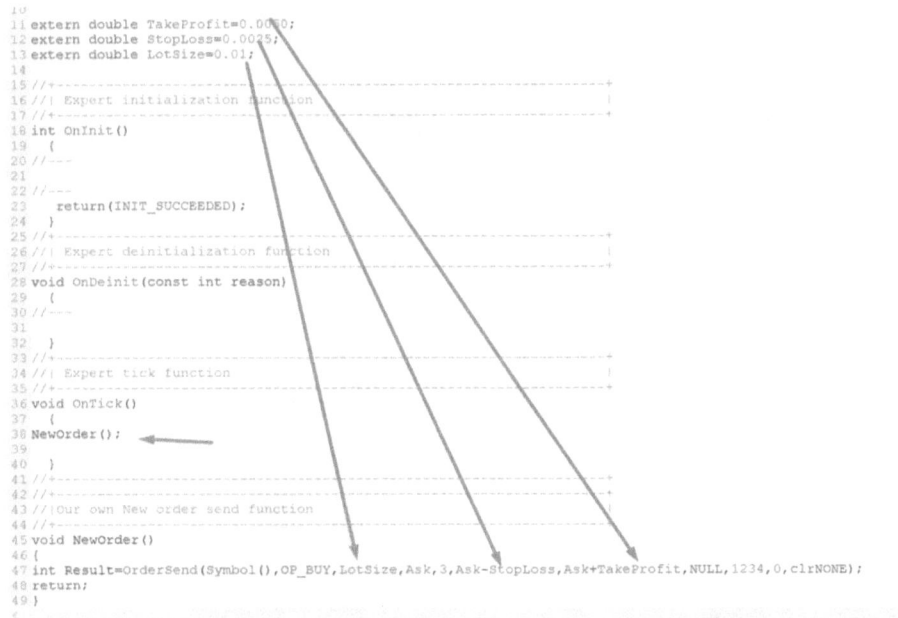

6-4 Las variables de entrada externas están en el área global antes de todas las funciones, incluso las predefinidas.

Verá que todas las variables se declaran al principio, la función está debajo de las tres funciones predefinidas.

Las variables se definen sobre todas las funciones y se utilizan en la función. Usamos el nombre de las variables en lugar de los valores mismos en nuestra función. La función OrderSend() termina con punto y coma porque esta operación está terminada, luego, cuando cerramos toda la función con return ;. Puede ver que llamamos a la función NewOrder(), que llama a OrderSend() con todos nuestros parámetros de entrada.

Ahora solo tiene que llamar a esta función NewOrder(), esto se hace escribiendo NewOrder() en nuestra función tick. Porque cada vez que entra un nuevo tick, se ejecutarán todas las cosas indicadas en la función tick. Coloquemos esta nueva función aquí, recuerde que estas funciones también deben terminar con punto y coma para cerrar esta operación. Vea la línea 38. Llame a una función escribiendo el nombre de la función con paréntesis de apertura y cierre seguidos de un punto y coma. Como se muestra en la siguiente imagen:

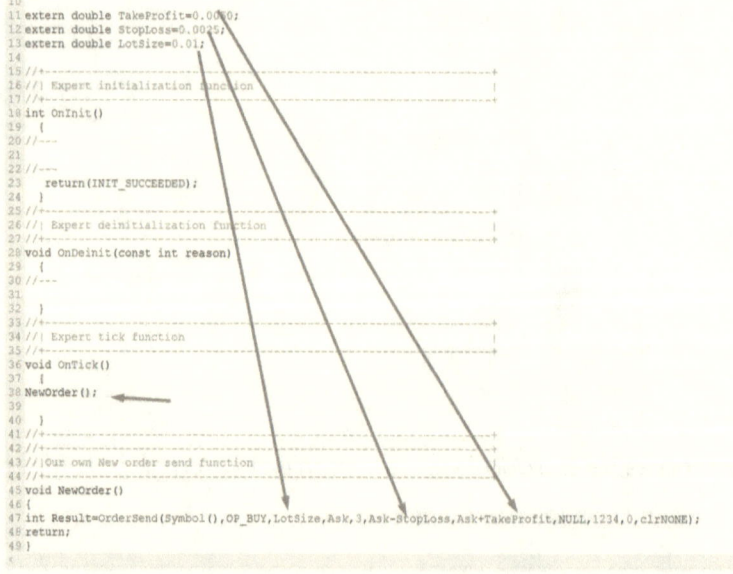

6-5 Cómo se usa nuestra función Neworder() en la función tick

Ahora puede compilar este archivo.

Presione F4 - para abrir la plataforma

Presione Ctrl + R – para abrir el analizador de estrategias

Ahora elija el archivo MyAlgo, ejecute en EURUSD, en Tickdata y el período de tiempo que desee.

Debido a que está ejecutando la función NewOrder() en la función Tick(), colocará un nuevo orden en cada tick, por lo que habrá muchos pedidos. Puede ver en el diagrama de flujo a continuación que después de haber realizado un pedido, vuelve a otorgar control a la función OnTick() que llama a la función NewOrder() hasta que el probador se detiene. ¡Felicidades! Ahora ha ejecutado su primer script.

Lo que deberías saber:

- Cómo construir una función

- Cómo ejecutar el probador de estrategias

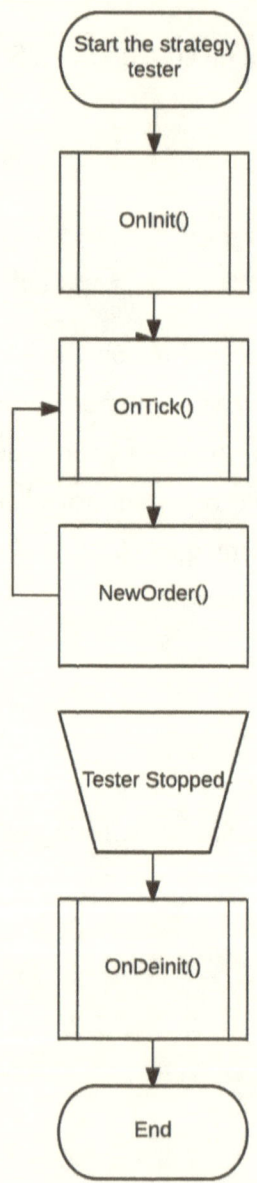

6-6 Diagrama de flujo con función NewOrder().

7

Función IsNewBar

El problema con la función anterior es que envía nuevas órdenes en cada tick, así que hagamos una función que verifique si un nuevo tick también representa una nueva barra o si este tick pertenece a la misma barra que la anterior. Necesitamos verificar esto porque solo queremos ejecutar nuestra estrategia una vez en cada barra.

7.1 Descripción de la función

Diseñaremos una función booleana que devolverá verdadero si hay una nueva vela en el gráfico y devolverá falso si no hay una nueva vela. Verificará esto en cada tick usado en la función tick antes de la función NewOrder().

Descripción de la función: esta función se comprobará en cada tick y en cada tick esta función devolverá VERDADERO si es una vela nueva y FALSO si es la misma vela.

Nombre de la función: IsNewCandle()

```
bool IsNewCandle()
{
    static int BarsOnChart=0;
    if(Bars==BarsOnChart)
    return(false);
    BarsOnChart = Bars;
    return(true);
}
```

7-1 Esta es la función completa IsNewCandle().

Realizaremos un diagrama de flujo que explique esta función.

1. Comenzamos escribiendo el tipo que es un bool (porque devolverá falso / verdadero) y el nombre de la función que es IsNewCandle(), luego un paréntesis de apertura y cierre.

2. Declaramos una variable static int BarOnChart= 0; que almacena el número de barras en el gráfico. Esta variable será estática, lo que significa que cuando esta función se ejecute en cada tick, almacenará el número de barras. Esto es para asegurarnos de que la próxima vez que ejecutemos esta función compararemos el número de barras en el gráfico con la última vez que lo ejecutamos.

3. Usamos una declaración if que es una declaración de toma de decisiones. Preguntamos si las barras en el gráfico de este tick en particular son las mismas que la última vez, almacenamos el número de barras. Como se mencionó, hacemos esto usando una instrucción if y un signo igual (==). Al usar la función Bars, esto devuelve el número de barras desde que comenzamos a ejecutar este algoritmo.

4. Independientemente de si es verdadero o falso, asignamos el número de barras a nuestra variable BarsOnChart.

5. Si las barras en el gráfico han cambiado, la declaración if se responde con no, devolvemos verdadero;

6. Si las barras del gráfico no han cambiado, la instrucción if se responde con un no, esta función devuelve falso.

Hasta que obtengamos un tick que sea parte de una nueva vela, esta función devolverá falso. Si está ejecutando un período de tiempo de una hora y esta vela es parte de la nueva hora, se volverá verdadera.

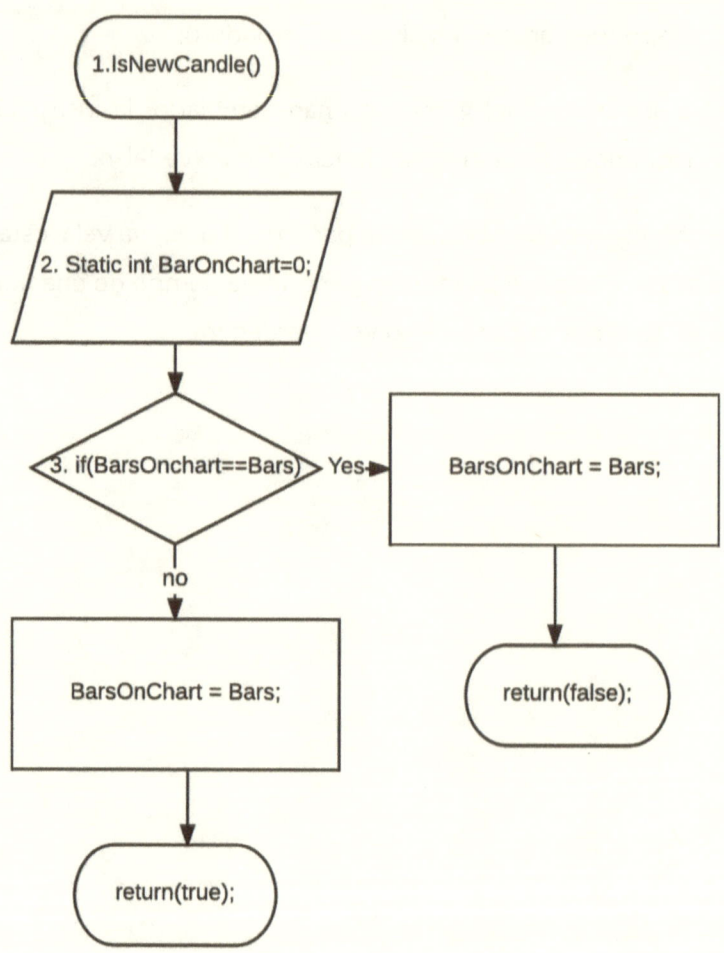

7-2 Diagrama de flujo de la función IsNewCandle()

```
//+--------------------------------------------------------------+
//|Our own New order send function                               |
//+--------------------------------------------------------------+
void NewOrder()
{
int Result=OrderSend(Symbol(),OP_BUY,LotSize,Ask,3,Ask-StopLoss,Ask+TakeProfit,NULL,1234,0,clrNONE);
return;
}

bool IsNewCandle()
{
   static int BarsOnChart=0;
   if(Bars==BarsOnChart)
   return(false);
   BarsOnChart = Bars;
   return(true);
}
```

7-3 Aquí puede ver nuestra última función en nuestra función anterior en el script.

7.2 ¿Cómo utilizar la función IsNewCandle()?

El objetivo de esta nueva función de vela es operar solo una vez por vela, esto significa que pondremos nuestra función NewOrder() entre corchetes de la declaración if(IsNewCandle)

7-4 Puedes ver cómo cambiamos el flujo de la función Ontick, lo reorganizamos.

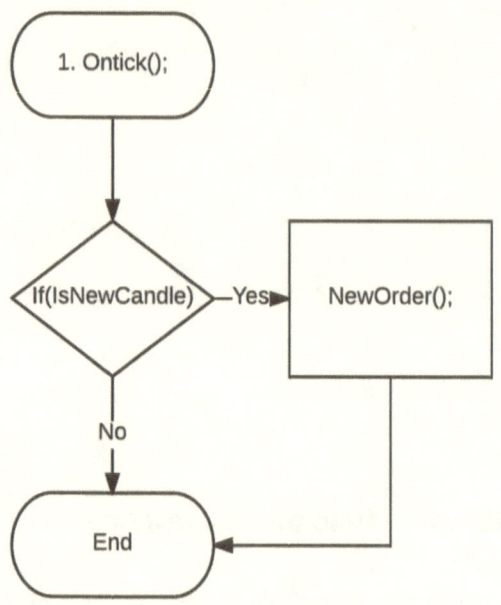

7-4 Función OnTick reorganizada con IsNewCandle().

Puede ver que hemos cambiado la función OnTick(). Hemos agregado una sentencia if que ejecuta la función NewOrder() solo si hay una nueva vela.

Puede ver que cuando se ejecuta la función Ontick(), ejecuta la declaración if que ejecuta la función IsNewCandle(), si es NewCandle() devuelve verdadero, significa que sí, ejecutará la función NewOrder(), pero si IsNewCandle() devuelve falso, simplemente irá al final de la nueva función y se ejecutará de la misma manera en el siguiente tick.

Lo que deberías saber:

- Cómo hacer una función bool

- Qué significa la función de barras

- Declaración if, cómo usamos esto

8

Función total de ordenes

8.1 Descripción de la función

E sta función cuenta el número de órdenes que tenemos en el mercado. El objetivo es saber cuántas órdenes abiertas tenemos para evitar abrir más de una orden de mercado a la vez.

Nombre de la función: TotalOpenTrader()

```
int TotalOpenOrders()
{
int Trades=0;
int Total=OrdersTotal();
    for(int i=Total;i>0;i--)
        {
        bool res=OrderSelect(i-1,SELECT_BY_POS,MODE_TRADES);
        if(OrderType()==OP_BUY || OrderType()==OP_SELL)
            {
            Trades++;
            }
        }
    return(Trades);
}
```

8-1 Así luce la función.

Dado que esto devolverá un número entero, que es el número de pedidos, este es un tipo de función de tipo entero.

1. Comenzamos declarando una variable int Trades y le asignamos un valor de cero, esta es la variable a la que asignaremos el número de operaciones abiertas.

2. Comenzamos otra función que también es de tipo entero, asignamos el valor de OrdersTotal() a Total, esta función devuelve el total de órdenes abiertas y pendientes en nuestro grupo de operaciones abiertas.

3. Creamos un bucle for. Este es un ciclo que repetirá el número de todas las órdenes pendientes y órdenes abiertas si el número es superior a cero, y disminuirá el valor de i después de cada ciclo, siempre que i sea mayor o igual a cero.

4. A continuación, comprobará si el valor de i está por encima de cero, si hay algún pedido en el terminal estará por encima de cero, como 2.

5. Si no tenemos ninguna orden en la terminal, simplemente ejecutará Return (Trades); que devolverá 0 y pasará el control fuera de esta función.

6. Si i está por encima de cero, recorrerá el resto del ciclo.

7. El primer proceso consiste en seleccionar el pedido particular en nuestro grupo de operaciones. Hacemos esto usando nuestra función OrderSelect(), esta función devolverá verdadero si hay una operación en nuestras operaciones abiertas o falso. Si la declaración

con OrderSelect() combinada tiene dos operaciones en nuestra función, una es seleccionar el orden correcto y, dado que es un retorno de tipo booleano de la función, devolverá verdadero y luego pasará el control a la siguiente operación. OrderSelect tiene tres variables, la primera variable es el índice de la operación que estamos ejecutando a través del ciclo, debemos establecer i-1, porque la primera operación tiene un valor de índice de cero. La siguiente variable que usamos indica que seleccionamos la operación por su posición en el índice. Luego le decimos que queremos usar el grupo de operaciones en vivo, no para seleccionar operaciones históricas. OrderSelect() es un tipo de variable booleana que devuelve verdadero si tenemos operaciones seleccionadas y falso si no se seleccionan operaciones.

8. Luego tenemos una declaración if, que verifica si la operación que hemos seleccionado es una orden de mercado de compra o venta.

9. Si es una orden de compra o venta, agregamos 1 a nuestras operaciones variables, si no, simplemente pasará el control al bucle for para disminuir i. Si tenemos 8 pedidos en total en el grupo, la próxima vez tendré el valor de 7 en el bucle.

10. Cuando haya pasado por todas las órdenes abiertas, tendré un valor de 0, y luego se pasará el control a return (Trades), que devuelve la variable Trades a quien puede estar llamando a esta función. Entonces, si hay 7 órdenes de mercado, las operaciones variables tendrán un valor de 7 cuando regresemos (trades) fuera de la función.

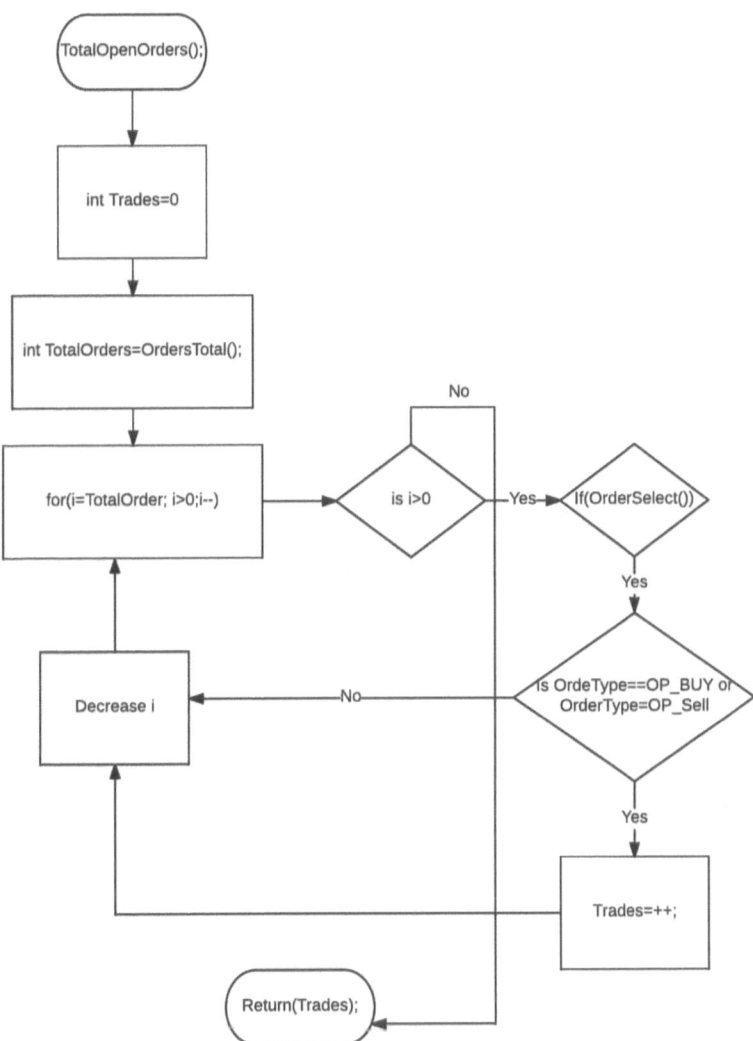

8-2 Diagrama de flujo de TotalOpenOrders().

8.2 ¿Cómo utilizar la función TotalOpenOrder()?

Ahora usaremos nuestra nueva función en nuestra función tick para verificar y operar solo si no hay órdenes abiertas, es decir, si TotalOpenOrder()<1.

```
25 //+--------------------------------------------------------------+
26 //| Expert deinitialization function                            |
27 //+--------------------------------------------------------------+
28 void OnDeinit(const int reason)
29   {
30 //---
31
32   }
33 //+--------------------------------------------------------------+
34 //| Expert tick function                                        |
35 //+--------------------------------------------------------------+
36 void OnTick()
37   {
38   if(IsNewCandle())
39      {
40       if(TotalOpenOrders()<1)
41          {
42           NewOrder();
43          }
44      }
45   }
46 //+--------------------------------------------------------------+
47 //+--------------------------------------------------------------+
48 //|Our own New order send function                              |
49 //+--------------------------------------------------------------+
50 void NewOrder()
51 {
52 int Result=OrderSend(Symbol(),OP_BUY,LotSize,Ask,3,Ask-StopLoss,Ask+TakeProfit,NULL,1234,0,clrNONE);
53 return;
54 }
```

8-3 Este es nuestra función OnTick() reordenada.

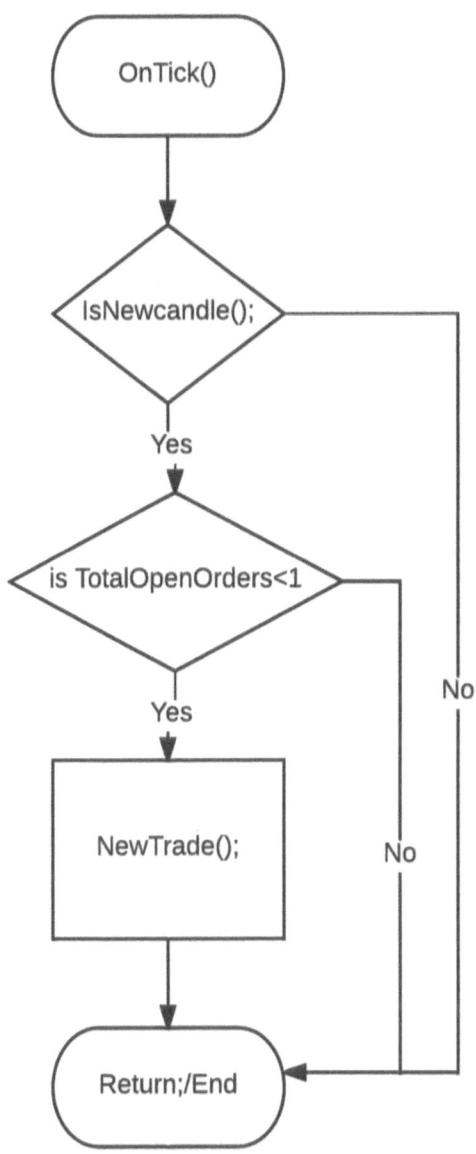

8-4 Diagrama de flujo de la función Tick reorganizada.

Así es como se ejecuta el flujo, si es NewCandle pasará el control para verificar si el total de órdenes abiertas es menor que uno, lo que significa cero, si ese es el caso, pasará el control a NewTrade() y ejecutará la función NewTrade().

Verá que hemos introducido una nueva instrucción if en nuestra función OnTick() y ahora tenemos un paréntesis de apertura y cierre adicional. Por lo tanto, NewTrade() está dentro de los corchetes de las declaraciones de TotalOpenTraders que están dentro de los corchetes de apertura y cierre de IsNewCandle. Ves la relación en el diagrama de flujo.

9

Función cerrar todas las órdenes

9.1 Descripción de la función:

Haremos una función que cierre todas las órdenes de mercado y borre todas las órdenes pendientes actuales.

Nombre de la función: CloseAllOrder()

```
void CloseAllOrders()//1.
{
int Total=OrdersTotal(); //2.
   for(int i=Total;i>0;i--) //3.
      {
      if(OrderSelect(i-1,SELECT_BY_POS,MODE_TRADES))//4.
         {
         if(OrderType()==OP_SELL)//5.
            {
            bool res1=OrderClose(OrderTicket(),OrderLots(),Ask,3,clrNONE);//6.
            }
         if(OrderType()==OP_BUY)//7.
            {
            bool res2= OrderClose(OrderTicket(),OrderLots(),Bid,3,clrNONE);//8.
            }
         if(OrderType()==OP_BUYLIMIT || OrderType()==OP_BUYSTOP|| OrderType()==OP_SELL-
STOP||OrderType()==OP_SELLLIMIT)//9.
            {
            bool res3= OrderDelete(OrderTicket(),clrNONE);//10.
            }
         }
      }
return;
}
```

9-1 Esta es la función CloseAllOrder.

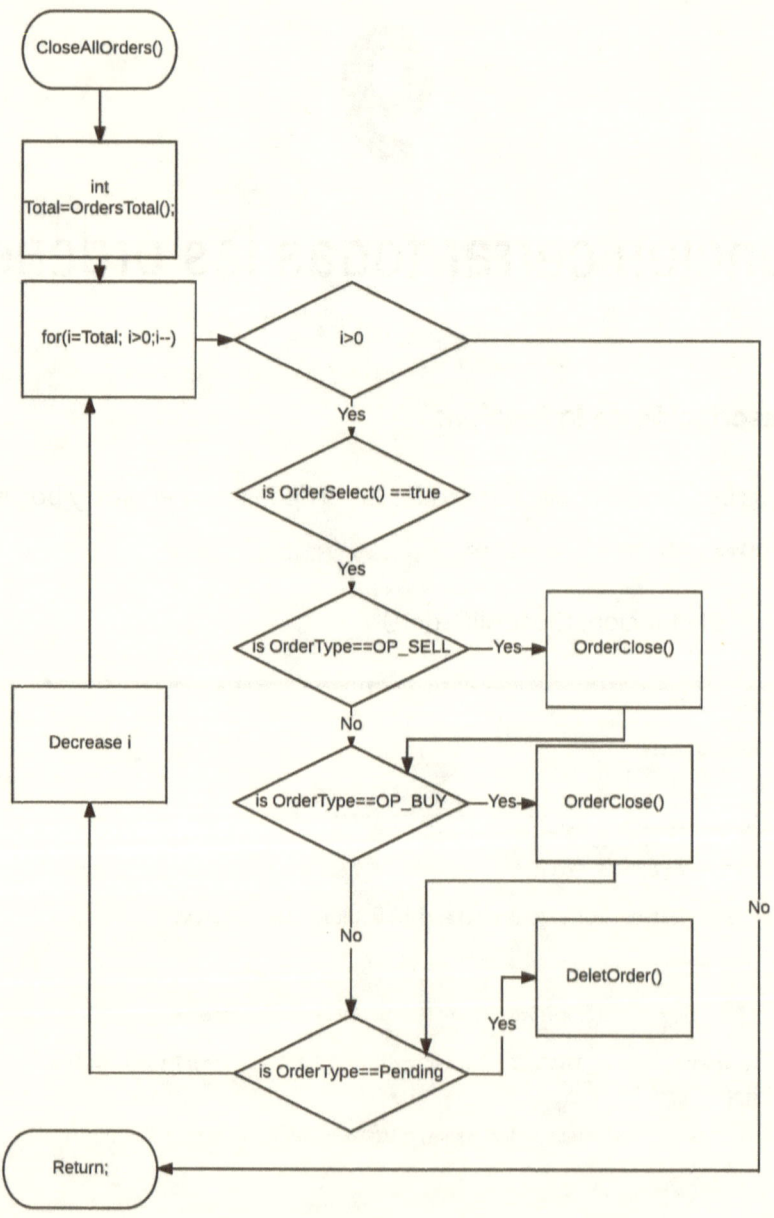

9-2 Diagrama de flujo función CloseAllOrder()

Ver los números marcados en la función y leer los comentarios.

1. Comenzamos escribiendo void + nombre de la función + agregando corchetes de apertura y cierre y escribiendo return;. Antes del corchete de cierre incluiremos el resto de la función entre corchetes y antes de return; declaración if.

2. Cree el nombre de variable entera Total, la función OrdersTotal() devolverá el número total del mercado actual y las órdenes pendientes.

3. Cree un bucle for que repetirá todos los pedidos a través del bucle, comenzando con el último pedido. Necesitará sus propios corchetes de apertura y cierre, todo lo que queramos en el bucle debe estar dentro de estos corchetes. Si es un total de 8 pedidos, comenzará con el último número, 8, y ejecutará este pedido en particular a través de todo lo que tenemos en nuestro bucle. Una vez terminado, tomará el pedido número 7 y continuará hasta el pedido número 1.

4. Usamos nuestra función OrderSelect() para seleccionar el pedido particular en nuestro grupo de pedidos, por ejemplo. tenemos 8 pedidos, el número de pedido 8 tendrá el número de índice 7 en el grupo. Devolverá verdadero si se selecciona una orden, si no hay una orden en el grupo de órdenes, no ejecutará este ciclo, por lo que esta declaración if siempre será verdadera.

5. Esto verificará si el tipo de pedido seleccionado es una orden de mercado y es una orden de venta, utilizando la función OrderType() que devolverá el tipo de pedido. Si ese es el caso, ejecutará la siguiente operación, que es CloseOrder().

6. Tenemos un punto y coma, porque este es el final de este bucle, OrderClose devuelve una declaración VERDADERO / FALSO por lo que usamos bool res1 para almacenar este valor, lo mismo con la función OrderDelete(), también devolverá verdadero. Esta función tiene tres variables de entrada.

7.

    a. La primera variable es OrderTicket() del pedido seleccionado

    b. La segunda variable es la cantidad que desea cerrar, es decir, OrderLots()

    c. En tercer lugar está el precio, dado que la orden seleccionada es la orden de venta, usamos Ask como precio de cierre.

    d. La cuarta variable es el deslizamiento, la configuramos en tres pips.

    e. Comentario

8. Esto comprobará si la orden seleccionada es una orden de mercado, si es una orden de compra ejecutará la siguiente operación.

9. Tenemos punto y coma, porque este es el final de este ciclo, cerramos con el precio de oferta porque es una orden de compra.

10. Esto comprobará si el pedido seleccionado está pendiente o no.

11. Usamos OrderDelete() para eliminar este pedido en particular si es un pedido limitado.

9.2 Utilizar la función CloseAllOrder()

Esta función va a ser utilizada por otra función, por la función CandleClose() la cual crearemos más adelante en el libro.

10

Función Pips

10.1 Descripción de la función

Algunos corredores tienen cuatro dígitos, otros tienen cinco dígitos. Esto significa que algunos están indicando precios en 1.5000, otros corredores están indicando precios en 1.50000. Necesita una función que recupere 0,0001 si tiene cuatro dígitos y 0,00001 si tiene cinco. Necesito una variable doble pip, a la que quiero asignar un valor de 0.0001. El punto es tener una variable que pueda multiplicar con una variable entera para convertirla en pips, por ejemplo, úsela para decidir el stoploss y takeprofit.

Tiene una variable entera externa llamada extern int Stoploss=50;

Es una variable entera que indica que el stoploss debe ser de 50 pips. Cuando aplica esta variable, quiere que sea 0,0050, que son 50 pips. Puede hacer esto teniendo una variable llamada pips a la que le asigna un valor de 0,0001. Luego puede multiplicar Stoploss*pips=50*0.0001=0.0050 y obtener el valor que desea utilizar en su función.

Esta función solo debería ejecutarse una vez al principio cuando iniciamos nuestro algoritmo en nuestra función OnInit() y asignamos un nuevo valor a nuestra variable de pips dobles en el área global.

```
void PipsFunction()//1.
{
double ticksize=MarketInfo(Symbol(),MODE_TICKSIZE);//2.
    if (ticksize == 0.00001 || ticksize == 0.001)//3.
    {
    pips = ticksize*10;//4.
    }
    else
    {
    pips = ticksize;//5.
    }
return;
}
```

10-1 Esta es la Función Pips.

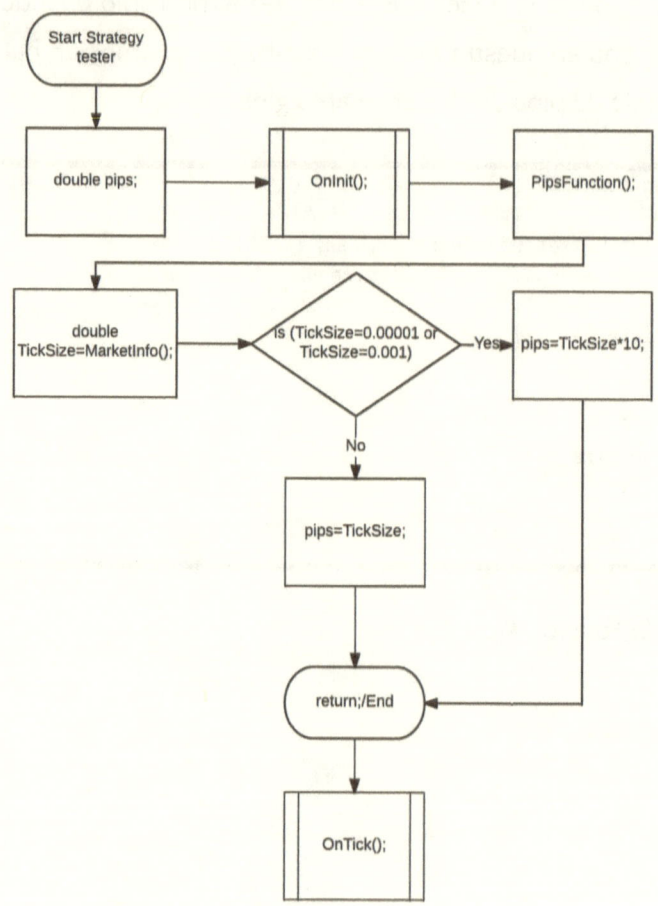

10-2 Diagrama de flujo de la función Pips

Comentario a la función:

Verá que primero iniciamos el probador de estrategias, que luego define la variable double pips, y no obtiene ningún valor porque usaremos PipsFunction() para asignarle un valor. Luego, el control pasa a la función OnInit() que llama a PipsFunction();

1. Comenzamos definiendo la función, es una función void con el nombre PipsFunction() y agregamos un paréntesis de apertura y cierre con retorno; antes del corchete de cierre al final. Esta es una función que solo se ejecuta y no devuelve nada.

2. Tenemos una variable doble TickSize, que es igual a MarketInfo(Symbol(),MODE_TICKSIZE); cerramos esta operación con punto y coma. La función MarketInfo(), recupera información del mercado, que si es un corredor de cinco dígitos, recuperará 0.00001 y si es un corredor de cuatro dígitos, recuperará 0.0001, por ejemplo, en un par EURUSD.

3. Luego tenemos una declaración if que verifica si el corredor tiene cinco dígitos o no. Si en la última operación obtuvo un valor de 0.00001 (TickSize), este es un bróker de cinco dígitos. Luego multiplicamos TickSize por 10 y asignamos el valor a nuestra variable pips: Si el TickSize es 0.0001, esto significa que es un corredor de cuatro dígitos, entonces usamos el mismo valor para pips, y no hay necesidad de multiplicarlo porque ya contiene el valor 0,0001.

4. Si es un corredor de cinco dígitos, lo multiplicamos por 10 para convertirlo en cuatro dígitos y asignamos este valor a la variable pips.

5. Si es un bróker de cuatro dígitos y los pips del bróker de cuatro dígitos son los mismos que los pips recuperados de la vista de información del mercado = ticksize. Esta es una declaración else si la primera no es verdadera, entonces ejecutamos esta operación si no.

```
 7 #property link        "www.tayyabrashid.com"
 8 #property version      "1.00"
 9 #property strict
10
11 extern double TakeProfit=0.0050;
12 extern double StopLoss=0.0025;
13 extern double LotSize=0.01;
14 double pips=0;  ←
15 //+--------------------------------------------------+
16 //| Expert initialization function                   |
17 //+--------------------------------------------------+
18 int OnInit()
19    {
20 //---
21    PipsFunction();  ←
22 //---
23    return(INIT_SUCCEEDED);
24    }
25 //+--------------------------------------------------+
26 //| Expert deinitialization function                 |
27 //+--------------------------------------------------+
28 void OnDeinit(const int reason)
29    {
30 //---
31
32    }
33 //+--------------------------------------------------+
34 //| Expert tick function                             |
35 //+--------------------------------------------------+
36 void OnTick()
37    {
38    if(IsNewCandle())
39       {
40       if(TotalOpenOrders()<1)
41          {
42          NewOrder();
43          }
44       }
45    }
```

10-3 Así es como usaremos Función Pips en el script.

Verá que las variables de pips están definidas en el área global porque pueden usarse en varias funciones diferentes.

Ejecutamos esta función solo una vez, por lo tanto, la colocamos en OnInit(). Recuerde que se ejecuta solo al principio, así que lo ejecutamos y asignamos un valor a nuestra variable pips que podemos usar en todas las demás variables de la operación. Por ejemplo, antes de comenzar, nuestros pips variables no tienen valor. Cuando arrancamos el probador de estrategias, ejecutamos el algoritmo y cuando se haya completado la función OnInit() ejecutará la función PipsFunction(); que asigna valor a nuestra variable pips.

Estamos construyendo las diferentes funciones que necesitamos para administrar nuestras operaciones. Lo que ahora necesitamos son las siguientes funciones: trade, trade execute, lotsize, break-even, y trailing stop.

11

Función BreakEven

11.1 Descripción de la función

Nombre de la función: BreakEven()

Esta función se ejecutará y comprobará después de una distancia predefinida si el mercado se ha movido a nuestro favor y bloqueará algunos pips.

Esta función solo se ejecutará si tenemos una orden abierta, se ejecuta en cada tick y no en el CandleClose. Usaremos la declaración if para verificar si hay una operación abierta, y llamaremos a esta función en función de tick si una operación está abierta. Tendremos una variable verdadero / falso que colocamos en la función OnTick() para activar / desactivar la función de equilibrio, y esta variable se puede cambiar en nuestra área global.

Variables en el área global:

Extern int MoveToBreakEven=50; Esta variable la utilizaremos para decidir después de cuántos pips a nuestro favor queremos cambiar al punto de equilibrio.

Extern int PipsProfitLock=20; Esta variable se utiliza para decidir cuántos pips queremos asegurar en beneficio, 0 significa punto de equilibrio y 20 pips significa que queremos asegurar 20 pips de beneficio.

Extern bool UseBreakeven=true; Esta variable la usamos en la función tick y se ejecuta en el punto de equilibrio y si esta variable es verdadera, se puede cambiar en la ventana de entrada.

```
void BreakEven()//1.
{
for(int i=OrdersTotal();i>0;i--)//2.
    {
    if(OrderSelect(i-1,SELECT_BY_POS,MODE_TRADES))//3.
        {
        if(OrderType()==OP_BUY)//4.
            {
            if(Bid-OrderOpenPrice()>MoveToBreakEven*pips)//5.
                {
                if(OrderOpenPrice()>OrderStopLoss())//6.
                    {
                    bool res1=OrderModify(OrderTicket(),OrderOpenPrice(),OrderOpenPrice()+PipsProfit-
Lock*pips,OrderTakeProfit(),0,clrNONE);//7.
                    Alert("Yes");
                    }
                }
            }
        if(OrderType()==OP_SELL)

            {
            if(OrderOpenPrice()-Bid>MoveToBreakEven*pips)
                {
                if(OrderOpenPrice()<OrderStopLoss())
                    {
                    bool res1=OrderModify(OrderTicket(),OrderOpenPrice(),OrderOpenPrice()-Pip-
sProfitLock*pips,OrderTakeProfit(),0,clrNONE);
                    }
                }
            }
        }
    }
}
```

11-1 Función Breakeven.

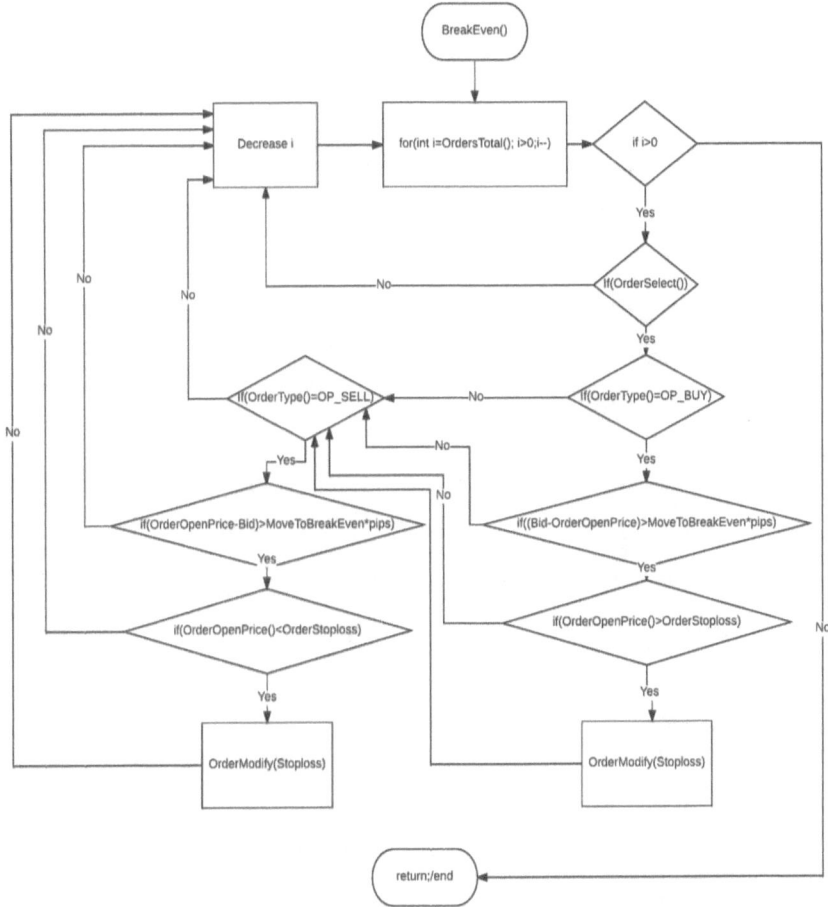

11-2 Diagrama de flujo de la función BreakEven.

1. Comenzamos nombrando la función void BreakEven(), agregamos los corchetes de apertura y cierre y escribimos return antes de nuestro corchete de cierre.

2. Usaremos un bucle for para recorrer todas las órdenes abiertas a través de nuestra función de equilibrio. i es igual a TotalOrder() y devolverá los pedidos totales actuales, luego comenzará a ejecutar el bucle a través del último pedido. Si hay 8 pedidos, comenzará con el

octavo pedido y disminuirá el número de pedido cada vez que haya pasado por la función. Se ejecutará si i es mayor que 0, si i es igual a 0, pasará el control al final de esta función.

3. Usamos OrderSelect() para seleccionar un pedido en particular en nuestro grupo comercial, siempre que haya un pedido en el grupo, devolverá verdadero o falso. Si la última toma de decisiones pasa a OrderSelect(), esto significa que hay un pedido en nuestro grupo comercial, por lo que esto siempre será cierto y pasa el control después de seleccionar el pedido.

4. Después de tener OrderSelected() y se haya devuelto verdadero, verificamos si la orden seleccionada es una orden de compra. Si es una orden de compra, pasará el control a la siguiente operación, si no, ejecutará el resto de la función que verifica si se trata de una orden de venta.

5. Si se trata de una orden de compra, el extracto comprobará si la diferencia (en pips) entre el precio actual y el precio de apertura de la orden es mayor que lo que hemos decidido en la variable externa MoveToBreakEven. Por ejemplo, si hemos establecido esa variable en 40, esa variable no está en pips, para convertirla en pips multiplicamos con nuestra variable de pips que es (0.0001), esto se convertirá en 0.0040. Si la diferencia es mayor a 0.0040, el mercado se ha movido más de 40 pips a nuestro favor, esto pasará el control a la siguiente operación. Si no es cierto, ejecutará la misma orden a través de la operación de venta, que también se encuentra en la función más abajo.

6. Esta declaración if comprobará si el stoploss ya se ha movido por la función de equilibrio o de seguimiento si no se ha movido antes. Esto devolverá verdadero y pasará a la siguiente operación. De lo

contrario, pase el control para comprobar si es una orden de venta y ejecute esa operación.

7. Luego usamos la función OrderModify() para ejecutar lo que queremos que haga, todo lo demás es igual al pedido inicial, lo que queremos cambiar es el stoploss. Dado que es una orden de compra, tenemos que agregar pips que queremos bloquear en OrderOpenPrice(), aquí nuevamente PipsProfitLock es un valor numérico como 20 para convertirlo en pips multiplicando con nuestra variable pips.

8. Luego hacemos lo mismo por el lado de la venta. Verá que ambas funciones orderType() están dentro de los corchetes de la función OrderSelect().

```
10
11 extern int TakeProfit=50;
12 extern int StopLoss=25;
13 extern double LotSize=0.01;
14 double pips;
15 extern int MoveToBreakEven=50;
16 extern int PipsProfitLock=20;
17 extern bool UseBreakEven=True;
18 //+--------------------------------------------------+
19 //| Expert initialization function                   |
20 //+--------------------------------------------------+
21 int OnInit()
22   {
23 //---
24   PipsFunction();
25   Alert(pips);
26 //---
27    return(INIT_SUCCEEDED);
28   }
```

11-3 Así es como estará la variable en el área global.

En la imagen de arriba hemos incluido pips dobles variables, no le hemos asignado ningún valor pero tenemos una función doble definida. Para asignarle un valor, llamamos a PipsFunction() en la inicialización. También hemos cambiado TakeProfit y Stoploss a tipo entero porque en lugar de 0.0025 hemos escrito 25, en el otro lado hemos multiplicado StopLoss y Takeprofit por pips para convertirlo a 0.0025. También hemos utilizado la función NomalizeDouble() para convertir todo para tener cuatro decimales para redondear a cuatro decimales.

```
void NewOrder()
{
int Result=OrderSend(Symbol(),OP_BUY,LotSize,Ask,3,NormalizeDouble(Ask-
StopLoss*pips,4),NormalizeDouble(Ask+TakeProfit*pips,4),NULL,1234,0,clrNONE
);
return;
}
```

11-4 Función New order.

11-2 ¿Cómo usamos la función BreakEven?

Lo usaremos en nuestra función de Ontick y antes de ejecutar la función de punto de equilibrio, debemos verificar si hay una orden abierta, si la hay, ejecutará la función de equilibrio en cada tick.

```
void OnTick()
  {
  if(IsNewCandle())
    {
    if(TotalOpenOrders()<1)
      {
      EntrySignal();
      }
    }
    if(TotalOpenOrders()>0)
      {
      if(UseBreakEven)
        {
        BreakEven();
        }
      }
  }
```

11-5 Función BreakEven incluida en la función OnTick.

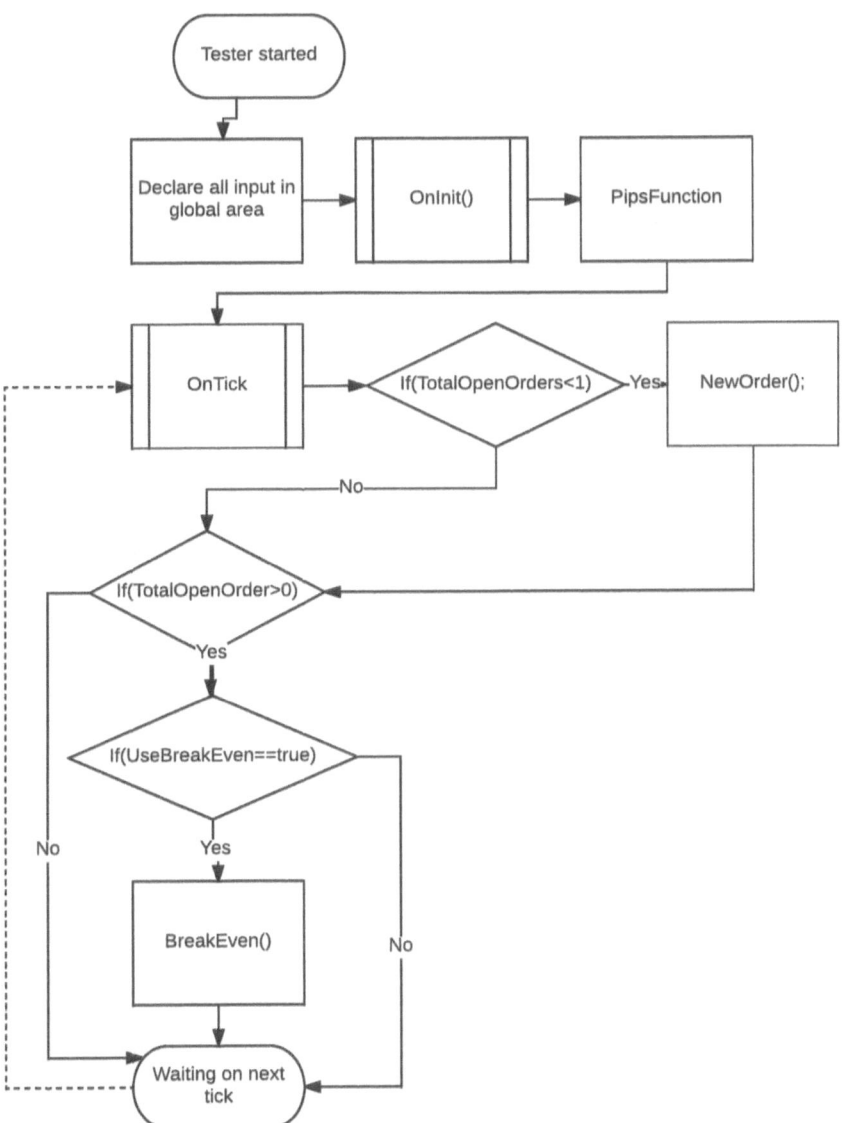

11-6 Nuevo diagrama de flujo desde el inicio hasta la función tick con la función BreakEven incluida.

Verá que en la función OnTick() después de ejecutar una operación tendrá TotalOpenOrder, si hay más de una, pasa el control a la siguiente instrucción if que pregunta si hemos establecido UseBreakEven en verdadero, si ese es el caso, pasará control a la siguiente operación que está ejecutando la función BreakEven().

12

Función Trailing stop

12.1 Descripción de la función

Nombre de la función: TrailingStop() esta es también una función nula.

Queremos seguir nuestro stoploss en una tendencia alcista, seguimos algunos pips (de distancia) por debajo de la oferta, por ejemplo, 50 pips por debajo del precio de oferta actual. Después de que se active nuestro stop dinámico, si el mercado sube 50 pips, cambiaremos nuestro stop loss 50 pips al alza.

Variables utilizadas en el área global:

Extern bool UseTrailingStop=true; Esta variable se llama en la función tick, como nuestra función BreakEven() y comprueba si queremos utilizar un trailing stop, después de que se haya activado la operación.

Extern int WhenToTrail=50; Usamos esta variable para ver si el mercado se ha movido más de esta cantidad de pips cuando comenzamos el trailing stop. Si somos largos y el mercado se ha movido a nuestro favor 50 pips, comenzamos a seguir el stop loss.

Extern int TrailAmount=50; Esta variable es la distancia que queremos entre nuestro nuevo stop loss y el precio de oferta reciente. 50 significa que queremos quedar 50 pips por debajo del precio reciente. Debemos multiplicar ambos con pips para convertir estos números en pips, 0.0050.

```
void TrailingStop()//1.
{
   for(int i=OrdersTotal();i>0;i--)//2.
      {
      if(OrderSelect(i-1,SELECT_BY_POS,MODE_TRADES))//3.
         {
         if(OrderType()==OP_BUY)//4.
            {
            if(Bid-OrderOpenPrice()>WhenToTrail*pips)//5.
               {
               if(OrderStopLoss()<Bid-TrailAmount*pips)//6.
                  {
                  bool res1=OrderModify(OrderTicket(),OrderOpenPrice(),Bid-
TrailAmount*pips,OrderTakeProfit(),0,clrNONE);//7.
                  }

               }
            }
         if(OrderType()==OP_SELL)
            {
            if(OrderOpenPrice()-Bid>WhenToTrail*pips)
               {
               if(OrderStopLoss()>Bid+TrailAmount*pips)
                  {
                  bool
res1=OrderModify(OrderTicket(),OrderOpenPrice(),Bid+TrailAmount*pips,OrderTakeProfit(),0,clrNO
NE);
                  }
               }
            }
         }

      }
return;
}
```

12-1 Función Trailingstop.

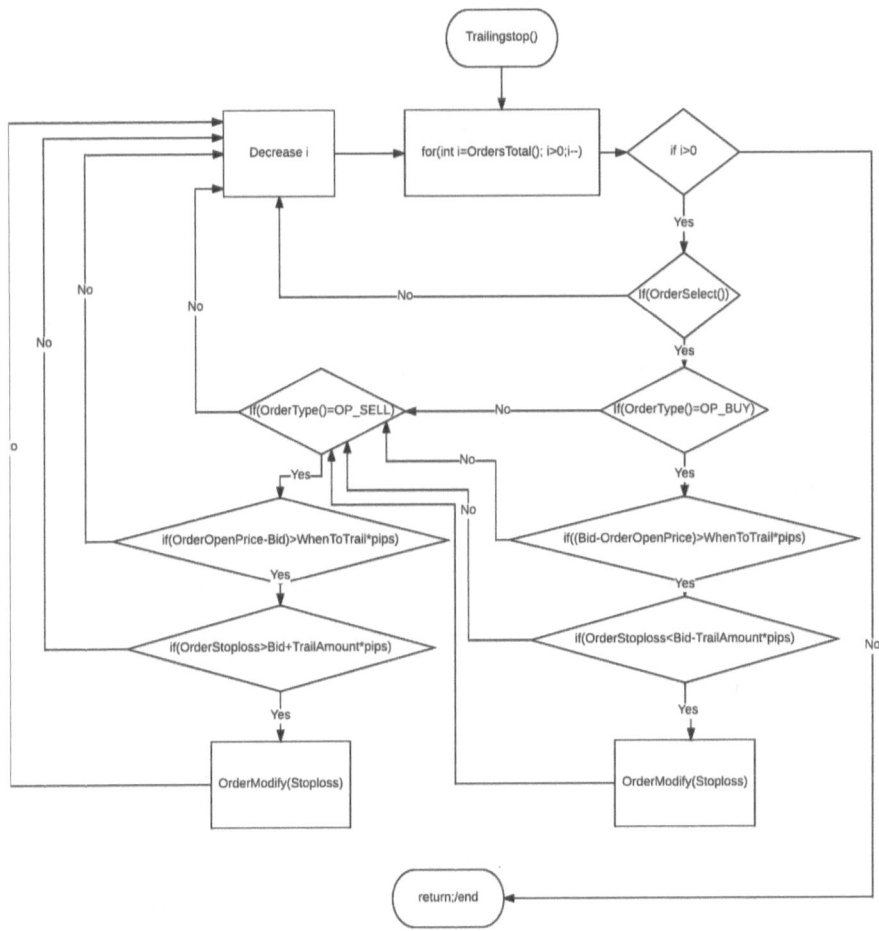

12-2 Diagrama de flujo de la función TrailingStop()

1. Comenzamos definiendo la función void TrailingStop() con un paréntesis de apertura y cierre, y regresamos; antes del paréntesis de cierre.

2. Aquí ejecutamos todas las órdenes abiertas a través de nuestro bucle de declaraciones. Usamos un bucle for para hacer eso. Comenzando con el último y disminuyendo i por cada vez que se haya ejecutado

el bucle hasta que i sea cero, luego pasará el control fuera de esta función.

3. Seleccionamos nuestro pedido utilizando la función OrderSelect() tiene la misma entrada que antes. Si se selecciona una orden y hay un orden en nuestro grupo de órdenes, será cierto. Tendrá el orden seleccionado y pasará la operación al siguiente estado de cuenta. Esto siempre será sí porque si no hay orden no comenzará el ciclo porque entonces TotalOrder() es igual a 0, lo que pasa el control directamente fuera del bucle.

4. Con esta operación if verificamos si la orden seleccionada es una orden de compra, si es así, esta instrucción pasará la operación a la siguiente o de lo contrario ejecutará la misma orden a través de las operaciones de venta que están más abajo, después de lo cual iniciará de nuevo conel siguiente orden.

5. Esta declaración if verifica si la diferencia entre el precio actual y el de apertura es mayor que el número de pips que hemos decidido que queremos seguir con la variable WhenToTrail. Multiplicamos esta variable por pips para convertir de 40 a 0,0040. Si nuestra variable es 40, el mercado se ha movido más de 40 pips a nuestro favor, esta declaración pasará la operación a la siguiente declaración o de lo contrario pasará el control para verificar si se trata de una orden de venta.

6. Esto verifica si se trata de una orden de compra, si nuestro stop loss actual es menor al que queremos seguir. Si orderstoploss es 1.4500 y queremos que el stop loss de ruta esté en 1.4505, entonces esta declaración se hará verdadera y pasará la operación a la siguiente declaración, lo que significa que debemos cambiar el stop loss a donde queremos rastrear. De lo contrario, pasará el control para

verificar si se trata de una orden de venta y ejecutará el resto de esas operaciones.

7. Usamos la función OrderModify() para cambiar el stoploss detrás del precio de oferta que queremos stoploss para rastrear, también usamos pips para convertir TrailAmount en pips.

Declaration of variables in Global Area:

```
extern int TakeProfit=50;
extern int StopLoss=25;
extern double LotSize=0.01;

double pips;

extern bool UseBreakEven=True;
extern int MoveToBreakEven=50;
extern int PipsProfitLock=20;

extern bool UseTrailingStop=true;
extern int WhenToTrail=50;
extern int TrailAmount=30;
```

12-3 Esta es el área global variable con la función trailingstop.

12-2 Cómo utilizar la función TrailingStop

Como función BreakEven(), esto también se colocará en nuestra función OnTick después de TotalOpenOrders>0 sentencias if-.

```
void OnTick()
  {
  if(IsNewCandle())
     {
      if(TotalOpenOrders()<1)
         {
         EntrySignal();
         }
     }
     if(TotalOpenOrders()>0)
         {
         if(UseBreakEven)
            {
            BreakEven();
            }
         if(UseTrailingStop)
            {
            TrailingStop();
            }
         }
  }
```

12-4 Esta es la función OnTick() cuando incluye la función TrailingStop.

Al igual que con la función BreakEven(), incluimos esta función en los mismos corchetes, entre corchetes de la instrucción if que verifica si hay una orden abierta. Si las órdenes están abiertas, verificará si hemos establecido Usebreakeven en verdadero, si eso es cierto, ejecutará la función de equilibrio. Luego verifica si hemos establecido UseTrailingStop en verdadero, si ese es el caso, ejecutará la función Trailingstop. Si no tenemos pedidos abiertos pasará al final del programa.

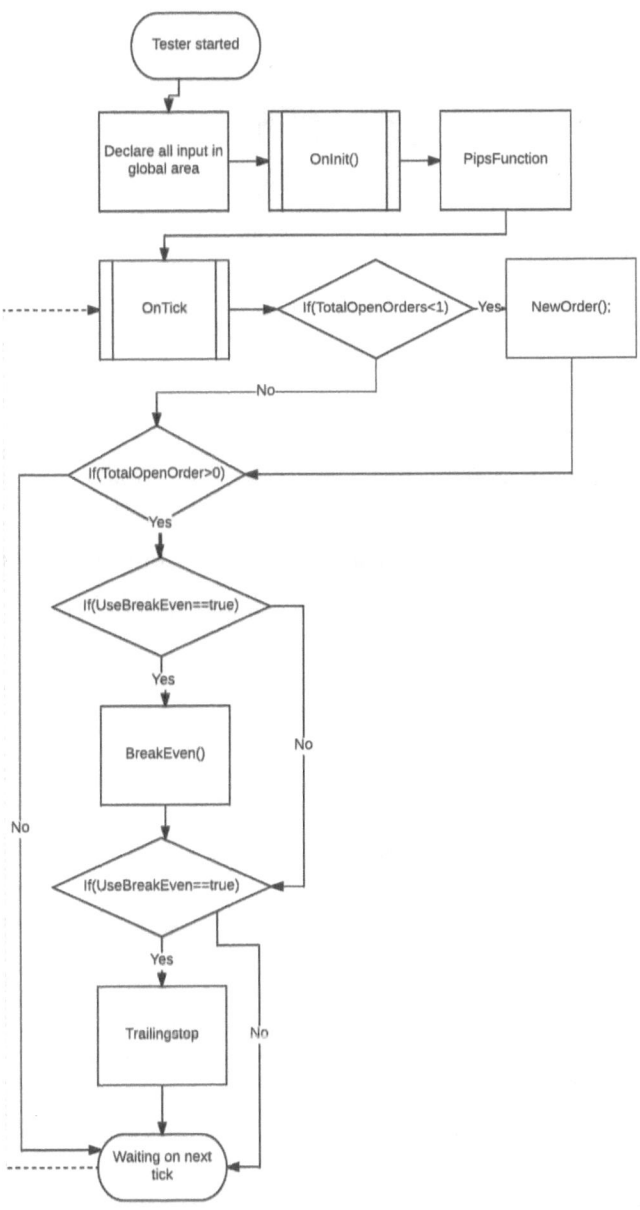

12-5 Diagrama de flujo de la función Ontick() con la función TrailingStop incluida.

13

Función Trade

13.1 Descripción de la función

Hemos estado realizando funciones, la más importante es la función de envío de operaciones, que incluye la opción de desactivar stoploss y takeprofit, configurar takeprofit en función de stoploss (riesgo / recompensa) y la opción de posicionar.

El nombre de la función será: Trade(int direction)

Int direction es un parámetro de entrada que usaremos para llamar si queremos negociar una orden de compra o venta.

Trade(0) para orden de compra and Trade(1) para orden de venta.

Tendremos la opción de tener un stop loss o ningún stop loss.

Tendremos la opción de tener un take profit o no take profit.

Tendremos una posición con una relación riesgo / recompensa, para ello necesitamos que el stop loss esté activado.

Tendremos un tamaño de posición automatizado, esto necesita que el stop loss esté activado y poder elegir el porcentaje de riesgo por operación.

Variable en el área global:

extern bool UseStoploss=true; Esto será verdadero si desea utilizar stop loss y falso si no

extern bool UseTakeProfit=true; Esto será verdadero si queremos usar takeprofit, falso si no

extern bool UsePosition=true; Esto será verdadero si queremos usar el tamaño de posición, falso si no

extern bool UseRiskReward=true; Esto será verdadero si queremos utilizar la relación riesgo/recompensa.

extern double reward_ratio=2; Esta es la relación riesgo-recompensa, si es verdadero, esto significa que la toma de ganancias es el doble que la pérdida

extern int RiskPercent=1; Esto es posicionar el porcentaje de cuánto por ciento de nuestro capital actual queremos negociar en cada operación, nuestro riesgo en cada operación.

Llame a la función:

Esta función será llamada por una función de lógica comercial que definiremos por Trade(0) o Trade(1).

```
void Trade(int Direction)//1.
{
double SL;//2.
double TP;//3.
double Equity=AccountEquity();//4
double RiskedAmount=Equity*RiskPercent*0.01;//5.
double Lots=0;//6.
   if(Direction==0)//.7
   {
   if(UseStoploss)//8.
         {
         SL=Bid-StopLoss*pips;
         }
         else
         {
         SL=0;
         }
      double PipsToBuyStoploss=StopLoss*pips;
      if(UseTakeProfit)//.9
         {
         if(UseRiskReward && UseStoploss)//10.
            {
            TP=(Bid-SL)*2+Bid;
            }
         else
            {
            TP=Bid+TakeProfit*pips;
            }
         }
         else
         {
         TP=0;
         }
      if(UsePosition && UseStoploss)//.11
      {
       Lots=(RiskedAmount/(PipsToBuyStoploss/pips))/10;
      }
      else
      {
      Lots=LotSize;
      }
      int res=OrderSend(Symbol(),OP_BUY,Lots,Ask,3,NormalizeDouble(SL,4),Normal-
izeDouble(TP,4),NULL,0,0,clrNONE);//11.
   }
   if(Direction==1)
   {
      if(UseStoploss)
         {
         SL=Ask+StopLoss*pips;
         }
         else
         {
         SL=0;
         }
      double PipsToSellStoploss=StopLoss*pips;
      if(UseTakeProfit)
         {
         if(UseRiskReward && UseStoploss)
            {
            TP=Ask-((SL-Ask)*2);
            }
         else
            {
            TP=Ask-TakeProfit*pips;
            }
         }
         else
         {
```

13-1 Función Trade().

1. Esta función es una función nula. Escribimos void Trade (int direction), corchetes de apertura y cierre y volvemos antes del corchete de cierre para decirle al ejecutor que este es el final de esta función y el control se dará fuera de la función desde allí. La dirección es una variable de entrada que se utilizará para llamar a la función, es un tipo entero. Se llamará como Trade(0) para la orden de compra y Trade(1) para la orden de venta, 0 1 es de tipo entero, por lo que la dirección variable es de tipo entero.

2. Estamos definiendo una nueva variable doble SL (stop loss) que usaremos para colocar en nuestra función OrderSend() sin un valor inicial asignado.

3. Estamos definiendo una nueva variable doble TP (take profit) que usaremos para colocar en nuestra función OrderSend() sin un valor inicial asignado.

4. Tenemos una función doble denominada patrimonio, a esta variable se le asignará el valor de la cuenta corriente

5. Tenemos una variable doble denominada cantidad arriesgada, esta es la cantidad que queremos arriesgar en una operación en particular. Multiplicamos el capital actual por el riesgo que queremos poner en esta operación con la variable RiskPercent en nuestra área global, porque es de tipo entero y queremos convertirlo a porcentaje, lo multiplicamos por 0.01

6. Tenemos una variable llamada Lots, con un valor inicial cero asignado. Todas estas variables son variables locales, solo se pueden usar dentro de esta función.

7. Al llamar a la función que hemos utilizado en Trade (0), ejecutará todo dentro de este paréntesis de instrucción.

8. Lo primero es decidir el stop loss, si UseStoploss es igual a stoploss es Bid-Stoploss*pips else es igual a cero.

9. Decidimos el stop loss. Si stoploss es igual a verdadero, entonces tenemos que preguntarnos si estamos utilizando el riesgo para recompensar (¿es cierto?).

10. Si esto es verdadero, el takeprofit es, por ejemplo, dos veces el stoploss, si no es cierto, el stoploss es Bid+TakeProfit*pips.

11. Entonces debemos ver si UsePosition y stoploss son iguales a verdadero, si es así, lotsize es una función de Riskedamount y nuestro stoploss.

12. Colocamos nuestro comercio con todas las variables de entrada que hemos seleccionado desde el principio en la función.

13-2 Diagrama de flujo de la función Trade().

Llamamos la función Trade(0) que comprueba si la instrucción if es igual a cero, lo que indica que la función de entrada es igual a cero. Si eso es cierto, se ejecutará a través de todo lo que se indica entre los corchetes de apertura y cierre de la declaración if (Dirección == 0) y se ejecutará todo lo que hemos indicado en el diagrama de flujo anterior.

```
10
11 extern int TakeProfit=50;
12 extern int StopLoss=25;
13 extern double LotSize=0.01;
14
15 double pips;
16
17 extern bool UseBreakEven=True;
18 extern int MoveToBreakEven=50;
19 extern int PipsProfitLock=20;
20
21 extern bool UseTrailingStop=true;
22 extern int WhenToTrail=50;
23 extern int TrailAmount=30;
24 extern bool UseStoploss=true;
25 extern bool UseTakeProfit=true;
26 extern bool UsePosition=true;
27 extern bool UseRiskReward=true;
28 extern double reward_ratio=2;
29 extern int RiskPercent=1;
30
31
```

13-3 Arriba puede ver como luce nuestra área global.

13.2 Como utilizar la función Trade()

Utilizaremos esta función más adelante, cuando hagamos una función Strategy() donde escribimos lógica comercial y desde esa llamada a esta función Trade().

14

Función CandleClose

14.1 Descripción de la función

Hay diferentes formas de cerrar una operación, algunos operadores cierran con un stop loss take profit, otros usan el cierre después de alguna regla de velas. Creamos esta función porque también la necesitamos para crear una estrategia.

Nombre de la función: CandleClose();

Variables en el área Global:

extern Bool UseCandleClose=true; Esta variable se coloca en el área global y es una variable externa porque necesitamos que sea modificable. Si queremos usar CandleClose() lo establecemos en verdadero o en falso.

extern int CloseAfterCandles=1; Esta es una variable entera y decidirá después de cuántas velas queremos cerrar nuestra orden. 1 significa que queremos cerrar esta operación después de que se haya ejecutado una función CandleClose.

Dónde aplicar la función: La función debe ejecutarse en cada tick si hay una orden abierta. Se coloca dentro del mismo corchete que nuestra función BreakEven y TrailingStop.

Variables en el área local:

Int period=Period(); A esta variable se le asigna la función Períod(), período devuelve el valor del período de tiempo en el que estamos ejecutando este algoritmo. Si estamos ejecutando un gráfico de un minuto, devolverá 1, y 5 si estamos ejecutando cinco minutos, 60 si estamos ejecutando cada hora y 240 si estamos ejecutando 4 horas, que es 1 hora * 4 = 60 * 4 = 240..

int period2=0; Esta variable tiene inicialmente un valor de cero porque al usar una función de switch queremos asignarle un valor. Esta variable devolverá segundos de marco de tiempo. Por ejemplo, si está adjunto a un minuto, hay 60 segundos en un minuto, entonces period2 tiene el valor de 60. Si está adjunto al gráfico de 1 hora, hay 60 * 60 = 3600 segundos en una hora, por lo que esta variable obtendrá un valor de 3600, pero esto se hace usando una función de interruptor.

```
void CandleClose()//1
{
    int period=Period();//2.
    int period2=0;//3.


    switch(period)//4.
    {   case 1:period2=60;break;
        case 5:period2=300;break;
        case 15:period2=900;break;
        case 30:period2=1800;break;
        case 60:period2=3600;break;
        case 240:period2=14400;break;
        case 1440:period2=86400;break;
        case 10080:period2=604800;break;
        case 43200:period2=2592000;break;
        //default: Alert("Nothing");
    }
for(int i=OrdersTotal();i>0;i--)//5.
    {
    if(OrderSelect(i-1,SELECT_BY_POS,MODE_TRADES))//6.
        {
        if(TimeCurrent()-OrderOpenTime()>period2*CloseAfterCandles)//7.
            {
            CloseAllOrders();//8.
            }
        }
    }
    return;
}
```

14-1 La función CloseCandle()

1. Comenzamos a escribir el tipo de función que es void. Luego nombramos la función que es CandleClose y escribimos paréntesis de apertura y cierre después del nombre de la función para alertar al sistema de que se trata de una función. A continuación, necesitamos un paréntesis de apertura y cierre que tenga todas las operaciones dentro de la función. Antes del corchete de cierre, debemos escribir return; para indicar que este es el final de la función y que el control se pasa de la función a la siguiente operación, ya sea ejecutando la siguiente función o finalizando.

2. Tenemos que definir nuestro período variable como un número entero y asignar el valor Period() que devolverá el marco de tiempo en el que se está ejecutando este algoritmo. Si es un período de

tiempo de un minuto, devolverá 1 y 60 si es por hora, y 240 si es un período de tiempo de 4 horas.

3. Esta es nuestra próxima variable en el área local, variable que solo se puede usar dentro de esta función. Esta variable es un número entero, e inicialmente asignamos un valor de 0, pero se le dará un valor después de haber ejecutado la operación de cambio que es la siguiente en la función. El nombre de esta función es period2.

4. Este es un operador de cambio, es lo mismo que una declaración if pero con más casos. Comienzas escribiendo switch con paréntesis de apertura y cierre, entre paréntesis escribes el nombre de la variable que deseas verificar. Hasta ahora, la función period() le habría dado un retorno de valor. Luego agrega un paréntesis de apertura y cierre para indicar todos los casos. Tenemos un número si a ese período se le ha asignado el valor 1, asignaremos un valor de 60 a la variable período2 porque son 60 segundos en un minuto. Si ese es el caso después de asignar el valor, hemos escrito break; lo que hace este operador es en lugar de que después de asignar el valor period2 y el caso es el período 1, no verificará el resto de los casos y pasará el control de los paréntesis del operador del switch a la siguiente operación de la función. De esta forma ahorramos algo de tiempo, pero si no escribimos break; continuará verificando si el caso es 5,15 y así sucesivamente. Hemos asignado un valor a todas las variables que necesitamos en las operaciones futuras tanto las variables período como período2

5. Luego tenemos un bucle for que recorrerá todas las órdenes abiertas, comenzando con la última orden y disminuyendo una por una.

6. Necesitamos seleccionar una orden en nuestro grupo de órdenes para verificar el trade en la siguiente operación.

7. Aquí tenemos una declaración if que significa declaración de decisión. La función TimeCurrent() devuelve los segundos actuales desde 1970, el número de segundos desde 1970. OrderOpenTime() devuelve cuántos segundos han pasado desde 1970 cuando ejecutamos la operación. La diferencia entre estos dos es cuántos segundos ha estado abierta la operación. Period2 tiene el valor que le hemos asignado usando el operador de cambio. Si estamos ejecutando esta estrategia en un gráfico horario, period2 tiene un valor de 3600 (número de segundos en una hora) y lo multiplicamos por el número de velas u horas después de que queremos cerrar. 1 si queremos cerrar después de una hora y 2 si queremos cerrar esta operación después de dos velas por hora (dos horas). Esta declaración if verifica cuándo el tiempo de duración de la operación en segundos es mayor que el valor en el lado derecho de> si ese es el caso, entonces pasa el control a la siguiente operación.

8. La siguiente operación es llamar a nuestra función CloseAllOrder(); que ya hemos construido y está en el mismo script. Cierra todas las órdenes abiertas y elimina las órdenes pendientes.

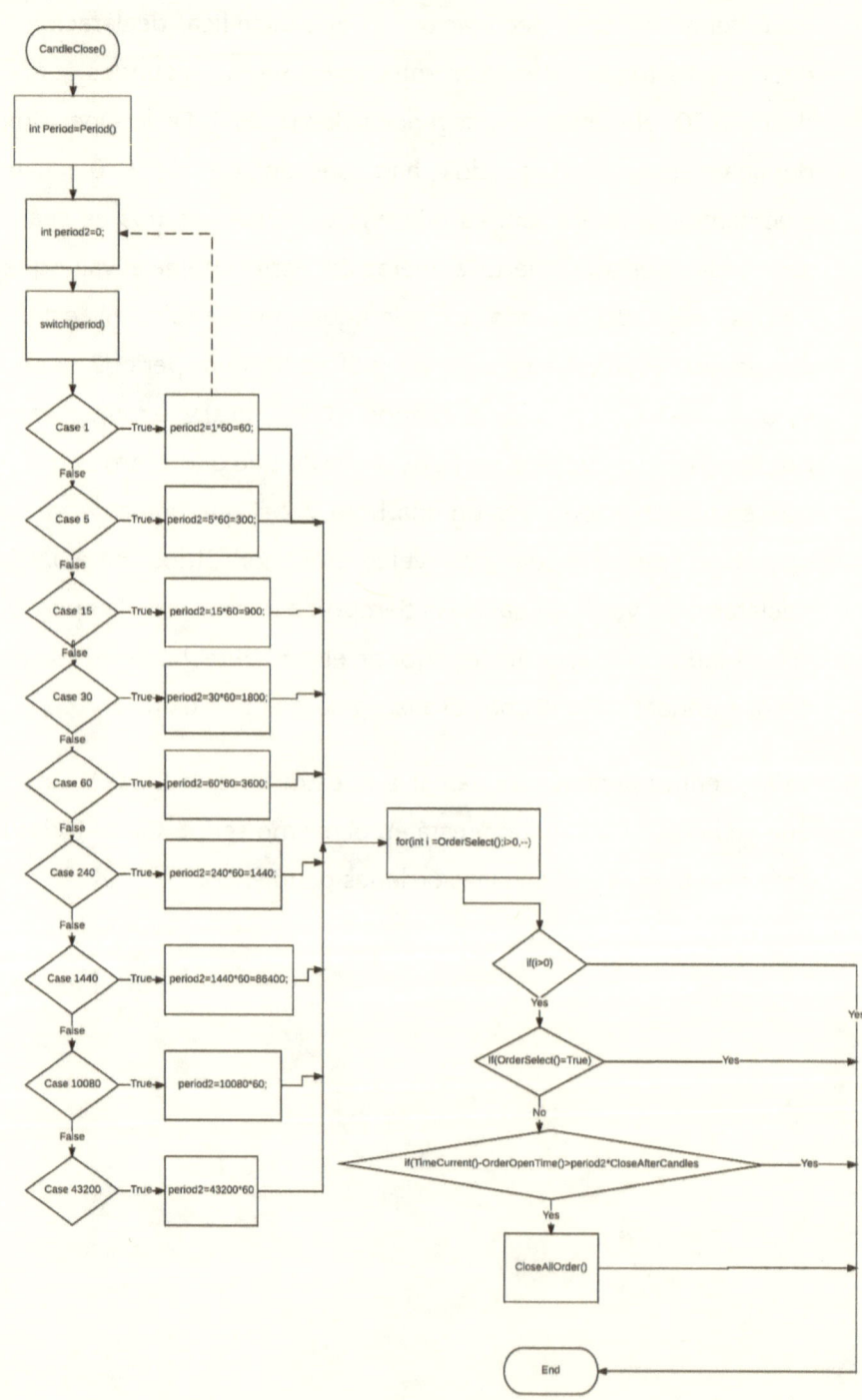

14-2 Diagrama de flujo de la función CloseCandle().

```
11 extern int TakeProfit=50;
12 extern int StopLoss=25;
13 extern double LotSize=0.01;
14
15 double pips;
16
17 extern bool UseBreakEven=True;
18 extern int MoveToBreakEven=50;
19 extern int PipsProfitLock=20;
20
21 extern bool UseTrailingStop=true;
22 extern int WhenToTrail=50;
23 extern int TrailAmount=30;
24 extern bool UseStoploss=true;
25 extern bool UseTakeProfit=true;
26 extern bool UsePosition=true;
27 extern bool UseRiskReward=true;
28 extern double reward_ratio=2;
29 extern int RiskPercent=1;
30 extern bool UseCandleClose=true;
31 extern int CloseAfterCandles=1;
```

14-3 Esta es el área global variable con la función CandleClose().

14.2 Cómo utilizar la función CandleClose

Ahora hemos creado una función que usaremos para diseñar nuestra estrategia comercial. Debemos establecer UseCandleClose=true; y decidir el número de velas que queremos cerrar después en el área global. Cuando estemos usando esta función, debe establecer UseStopLoss y UseTakeProfit como falso, de lo contrario obtendrá dos mecanismos de cierre.

```
void OnTick()
  {
  if(IsNewCandle())
      {
       if(TotalOpenOrders()<1)
          {
           EntrySignal();
          }
      }
    if(TotalOpenOrders()>0)
        {
         if(UseBreakEven)
            {
             BreakEven();
            }
         if(UseTrailingStop)
            {
             TrailingStop();
            }
          if(UseCandleClose)
            {
             CandleClose();
            }
        }
  }
```

14-4 Esta es la función OnTick() con la función CandleClose incluida.

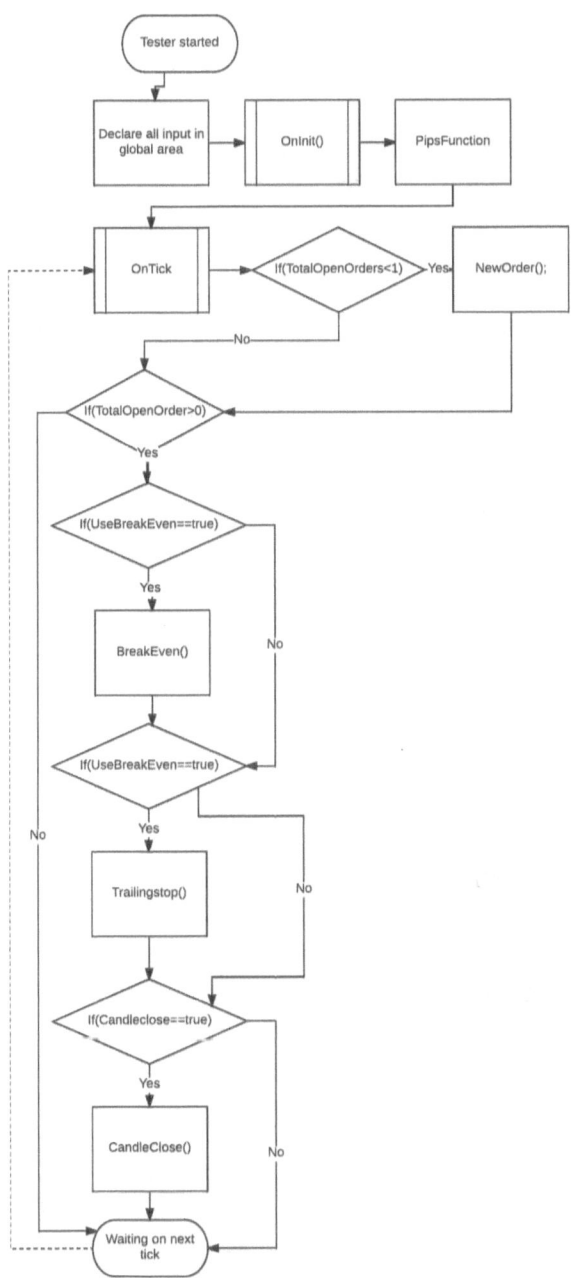

14-5 Diagrama de flujo de la función Ontick() con la función Candleclose().

15

Función de estrategia

15.1 Descripción de la función

E sta es la función donde decidimos nuestra estrategia. Invocamos la función Trade(0) para una orden de compra y Trade(1) para una orden de venta.

Nombre de la función: EntrySignal()

Variables en el área global:

Extern int ShortMAPeriod=50; Esta es la entrada a la función de promedio móvil de Corto plazo y cuántos períodos estamos usando de corto plazo.

Extern int LongMAPeriod=100; Esta es la entrada a la función de promedio móvil de largo plazo, como períodos de promedio móvil.

extern bool TradeLong=true; Esta variable es verdadera si queremos operar a largo plazo en nuestra estrategia.

extern bool TradeShort=true; Esta variable es verdadera si queremos operar en corto en nuestra estrategia.

<u>Variables en funciones de área local:</u>

Necesitamos calcular las diferentes medias móviles. Debido a que vamos a operar en cruces, necesitamos calcular un período y dos períodos antes de las medias móviles. Para el comercio a largo plazo, los dos períodos anteriores, la media móvil a corto plazo deben estar por debajo de la media móvil a largo plazo y el período anterior, el corto plazo debe estar por encima del largo plazo y luego tenemos una estrategia de cruce.

```
double
ShortMaCurrent=iMA(Symbol(),PERIOD_CURRENT,ShortMAPeriod,0,MODE_SMA,PRICE_CLOSE,1);
```

```
double
LongMaCurrent=iMA(Symbol(),PERIOD_CURRENT,LongMAPeriod,0,MODE_SMA,PRICE_CLOSE,1);
```

```
double
ShortMaPrevious=iMA(Symbol(),PERIOD_CURRENT,ShortMAPeriod,0,MODE_SMA,PRICE_CLOSE,2);
```

```
double
LongMaPrevious=iMA(Symbol(),PERIOD_CURRENT,LongMAPeriod,0,MODE_SMA,PRICE_CLOSE,2);
```

Ves que las variables globales que se pueden cambiar son la entrada en las variables locales.

```
void EntrySignal()//0
{
double ShortMaCurrent=iMA(Symbol(),PERIOD_CURRENT,ShortMAPeriod,0,MODE_SMA,PRICE_CLOSE,1);//1.
double LongMaCurrent=iMA(Symbol(),PERIOD_CURRENT,LongMAPeriod,0,MODE_SMA,PRICE_CLOSE,1);
double ShortMaPrevious=iMA(Symbol(),PERIOD_CURRENT,ShortMAPeriod,0,MODE_SMA,PRICE_CLOSE,2);
double LongMaPrevious=iMA(Symbol(),PERIOD_CURRENT,LongMAPeriod,0,MODE_SMA,PRICE_CLOSE,2);

   if(TradeLong)//.2
   {
      if(ShortMaPrevious<LongMaPrevious && ShortMaCurrent>LongMaCurrent)//3.
         {
         Trade(0);//.4
         }
   }
   if(TradeShort)
   {
      if(ShortMaPrevious>LongMaPrevious && ShortMaCurrent<LongMaCurrent)
         {
         Trade(1);
         }
   }
return;
}
```

15-1 Así es como nuestra función de estrategia aparecerá con el cruce de medias móviles

1. Comenzamos escribiendo void porque esta función solo ejecuta lo que se indica entre paréntesis, luego el nombre de la función con paréntesis abiertos y cerrados. Luego agregamos un corchete de apertura y cierre con retorno; en eso.

2. Escribimos las variables locales que utilizaremos en esta función y vemos que las variables locales tienen variables externas globales como variables de entrada.

3. Verificamos si hemos establecido nuestra variable bool TradeLong en verdadero o falso, si es verdadero, pasa el control a la siguiente operación.

4. Esta es también una declaración if que verifica si la media móvil corta de dos períodos estaba por debajo de la media móvil lenta y la media móvil rápida de un período está por encima de la media móvil lenta de un período, lo que significa que hay un cruce. Si ha ocurrido el

cruce, llamará a la función Trade() con 0 variable de entrada, lo que significa órdenes de compra.

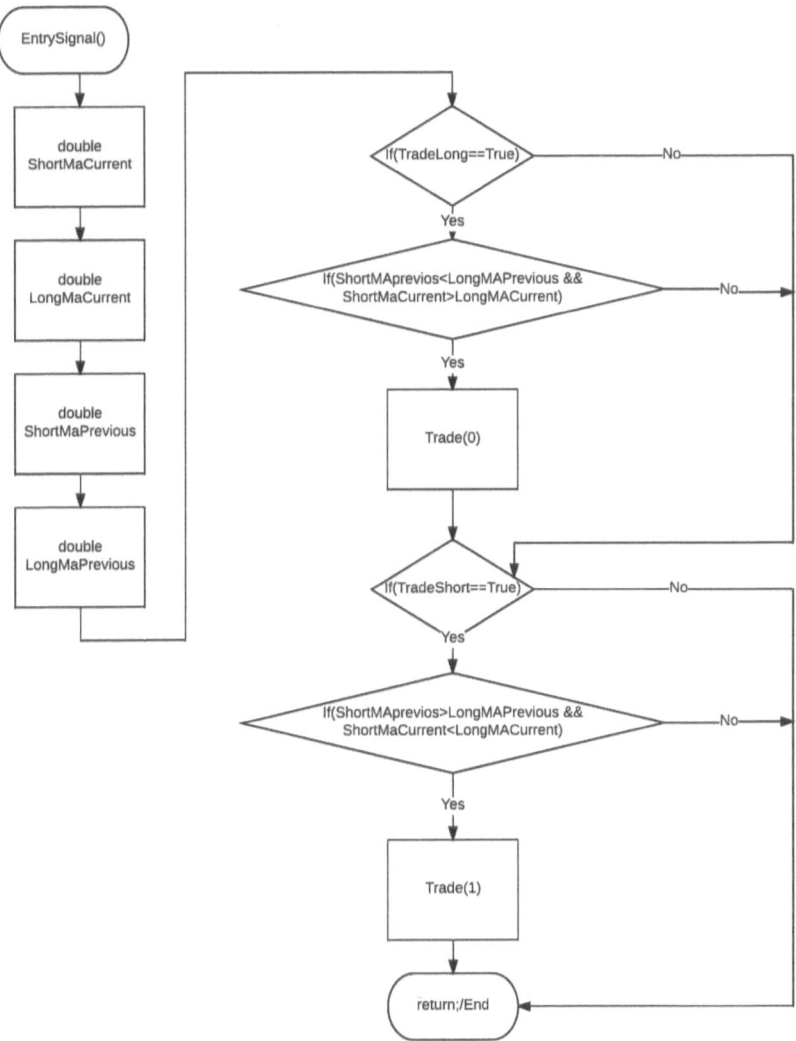

15-2 Diagrama de flujo la función Entry Signal

```
 1 //+------------------------------------------------------------------+
 2 //|                                                       MyAlgo.mq4 |
 3 //|                                                     Tayyab Rashid |
 4 //|                                              www.tayyabrashid.com |
 5 //+------------------------------------------------------------------+
 6 #property copyright "Tayyab Rashid"
 7 #property link        "www.tayyabrashid.com"
 8 #property version     "1.00"
 9 #property strict
10
11 extern int TakeProfit=50;
12 extern int StopLoss=25;
13 extern double LotSize=0.01;
14
15 double pips;
16
17 extern bool UseBreakEven=True;
18 extern int MoveToBreakEven=50;
19 extern int PipsProfitLock=20;
20
21 extern bool UseTrailingStop=true;
22 extern int WhenToTrail=50;
23 extern int TrailAmount=30;
24 extern bool UseStoploss=true;
25 extern bool UseTakeProfit=true;
26 extern bool UsePosition=true;
27 extern bool UseRiskReward=true;
28 extern double reward_ratio=2;
29 extern int RiskPercent=1;
30 extern bool UseCandleClose=true;
31 extern int CloseAfterCandles=1;
32 extern bool TradeLong=true;
33 extern bool TradeShort=true;
34 extern int ShortMAPeriod=50;
35 extern int LongMAPeriod=100;
36
```

15-3 Esta es el área global variable con todas las funciones incluidas hasta la función EntrySignal().

15.2 Cómo utilizar esta función

Colocaremos EntrySignal() en nuestra función Ontick y dentro de los corchetes IsNewCandle() y TotalOpenOrders<1 if-statement..

```
void OnTick()
  {
  if(IsNewCandle())
     {
      if(TotalOpenOrders()<1)
         {
         EntrySignal();
         }
      }
      if(TotalOpenOrders()>0)
         {
         if(UseBreakEven)
            {
            BreakEven();
            }
         if(UseTrailingStop)
            {
            TrailingStop();
            }
          if(UseCandleClose)
            {
            CandleClose();
            }
         }
  }
```

16-1 Esta es la función OnTick() con la función EntrySignal() incluida.

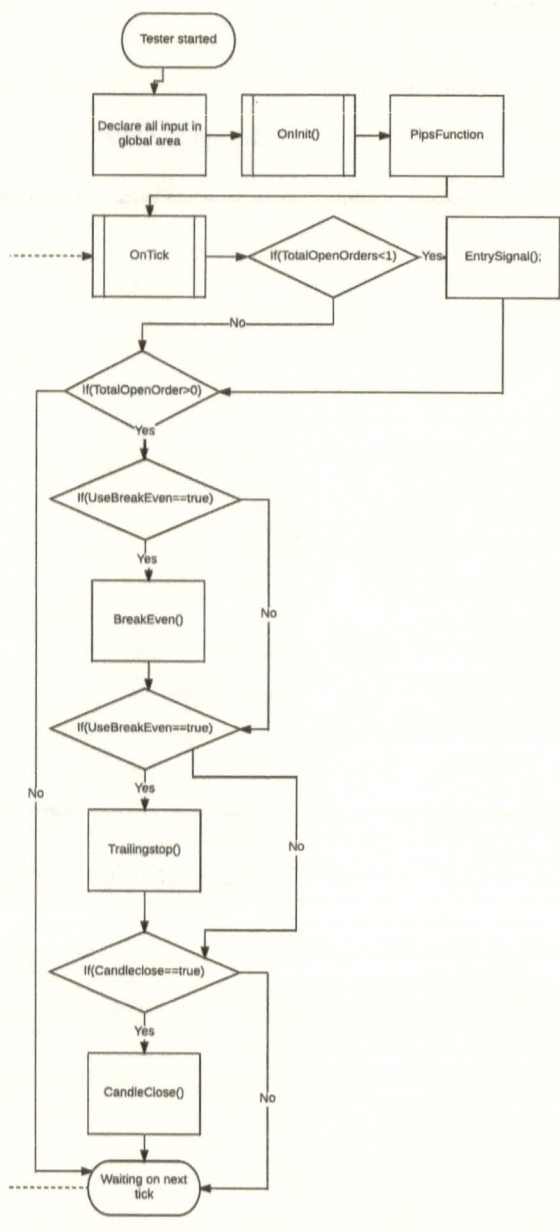

16-2 Diagrama de flujo con la función EntrySignal() incluida.

16

Diseño de una Estrategia de Trading

Primero, pregúntese por qué quiere hacer trading. Mientras esté en el mercado, su capital está en riesgo. Puede tomar grandes riesgos para obtener grandes recompensas que equivalgan a técnicas de juego, o puede operar sabiamente y controlar su riesgo para obtener ganancias razonables a largo plazo. Los comerciantes profesionales ganan aprox. 7%, en promedio, una reducción aceptable es el doble de su retorno.

Ahora tiene los componentes básicos que puede usar junto con la libertad de ajustarlos y seguirán siendo efectivos. Para evitar el ajuste de curvas, necesita un sistema que incluya parámetros de volatilidad, pero no debe optimizar en exceso u optimizar varios parámetros diferentes a la vez.

Desarrollo de estrategia comercial

1. Encuentre una señal de entrada, esto se logra cambiando la función EntrySignal() y ponga su propia lógica comercial y establezca CandleClose()(función Stoploss, Takeprofit, BreakEven y Trailing en false porque no usaremos ninguna de ellas). Cierre la posición después de 5-10-20-30 velas y vea qué tipo de señal de entrada es,

debería generar un retorno general positivo. Entonces vale la pena ir más lejos con esta señal comercial.

2. Recuerde tener un período de prueba significativo, además de incluir muchos tipos de mercados, tendencia alcista, tendencia bajista y mercados de rango. La tendencia alcista volátil, la tendencia alcista de la volatilidad promedio y el exceso de volatilidad también se incluyen en su prueba. Ejecute la misma lógica de entrada en diferentes pares y diferentes períodos de tiempo para descubrir cuál es mejor. Comprenderá rápidamente que una entrada de ruptura tendrá un rendimiento general positivo cuando use el cierre de velas y elija cerrar justo después de 5-10 velas, pero una estrategia de tendencia necesitará más tiempo para obtener ganancias. Por lo tanto, según su estrategia comercial, debería poder reducir su cierre después de un número de parámetros de velas. A menudo, no existe el mismo mecanismo de apertura y cierre para operaciones largas y cortas, por lo que es posible que primero encuentre una estrategia para largas y luego una para cortas.

3. Cuando haya elegido el período de tiempo y una pareja de buen rendimiento. Intente combinar su estrategia de entrada con diferentes estrategias de salida. Podría ser un stop loss dinámico y take profit, stop dinámico, stop dinámico de media móvil simple de 60 períodos, con o sin punto de equilibrio. Deberías tener reglas predefinidas.

4. Para tener éxito, necesita una cartera diversificada de estrategias en diferentes pares y períodos de tiempo. Porque si tiene una estrategia de tendencias, perderá dinero en el mercado de rango, pero si también tiene una estrategia para los mercados de rango, ganará dinero con eso.

5. Sea cual sea el sistema que tenga, la relación de retorno a reducción puede ser tan grande como 1: 2.

6. A veces, puede ser mejor ir al revés y diseñar un sistema de salida (lo que quiere del mercado) y luego diseñar una señal de entrada.

Declaración If

Esto se usa con frecuencia en funciones y es la toma de decisiones, o en otras palabras, nos preguntamos si una declaración es verdadera o no.

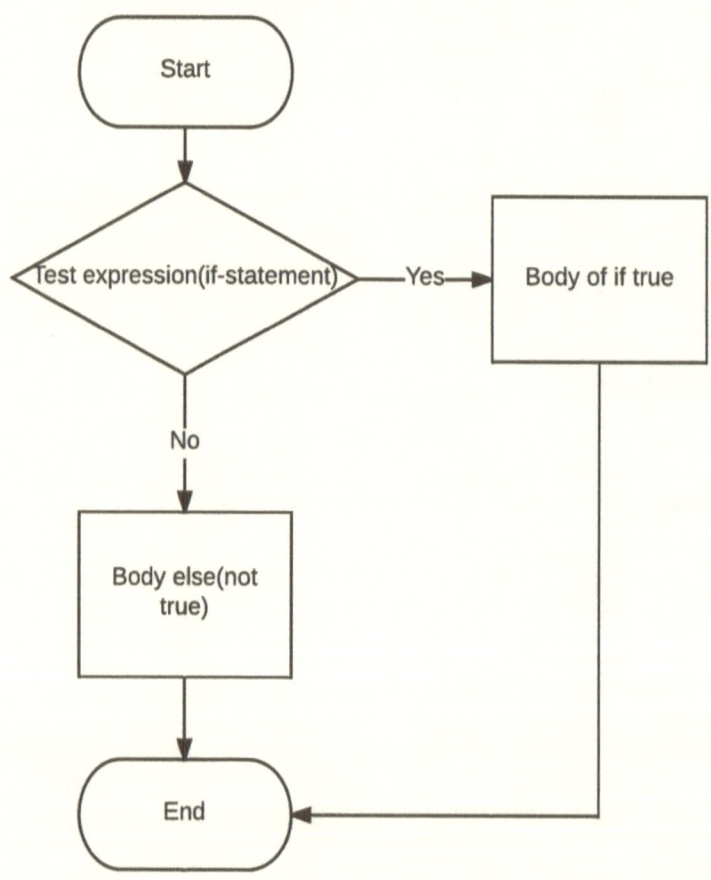

Este es un diagrama de flujo de la declaración If

Desde el principio, pase el control a la sentencia if. Si la declaración es verdadera, entonces se ejecuta todo en el *cuerpo verdadero*. Pero si ese no es el caso y la declaración no es verdadera sino falsa, entonces todo lo demás en el cuerpo se ejecutará y ambos pasarán el control al *final*.

Código: Binary Extra, canjear en www.gcmsonline.info en contáctenos.

Ejemplo 1:

```
void Test1()
{
    int A=2;
    int B=3;
    if(A>B)
    {
        Comment("A is bigger Than B");
    }
    else
    {
        Comment("A is less than B");
    }
return;
}
```

Este es un ejemplo de una declaración if, tenemos una función llamada Test1. Comienza con la definición de dos variables A y B.

Luego tenemos una declaración if que pregunta si A es más grande que B. Entonces, si eso es verdad, tenemos un comentario de salida que es "A es más grande que B". Si la declaración es falsa, A es menor que B, entonces tenemos otro cuerpo que se ejecutará. Un comentario "A es menor que B".

Ejemplo 2:

```
void Test2()
{
    int A=2;
    int B=3;
    if(A>B)
    {
        Comment("A is bigger Than B");
    }
return;
```

Este es otro tipo de uso de instrucción if, verifica si la declaración es verdadera, si es verdadera comentará "A es más grande que B" si no es cierto, simplemente pasará el control al final. Puedes ver el diagrama de flujo a continuación.

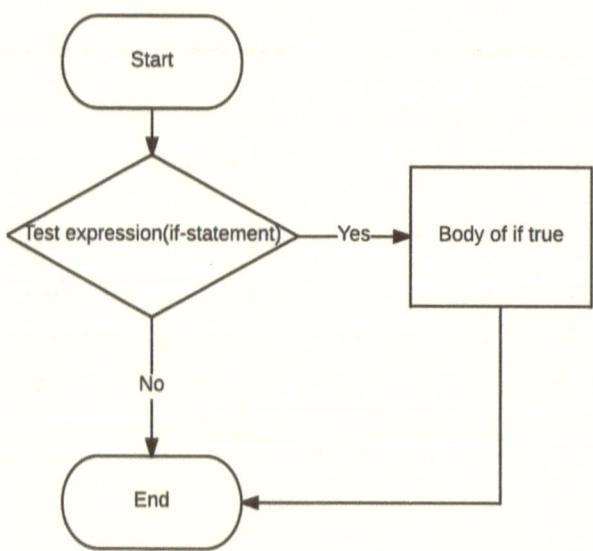

Declaración if sin declaraciones else.

Función de bucle

Puede usar el bucle for o while. Usamos un bucle for.

Ejemplo de bucle for:

```
void test2()
{
    int Number=0;
    for(int i=3;i>0;i--)
    {
        Number=Number+1;
    }
}
```

Ejemplo de un bucle

Aquí tenemos una función llamada test2, que comienza declarando una variable Number como un número entero y asignando un valor de cero. Luego ejecutamos un bucle for.

Comenzamos escribiendo for y dos paréntesis como una función con un paréntesis de apertura y cierre. Entre paréntesis, escribimos tres variables. La primera variable es cuántas veces queremos ejecutar esta función o bucle que definiremos entre el paréntesis de apertura y cierre, ejecutará todo entre ellos cada bucle. La segunda variable es cuánto tiempo queremos que se repita, siempre que i sea mayor que cero. La tercera variable definida es el estilo ascendente o descendente. ++ significa que comenzará con el número uno y luego el bucle 2 y 3. - - significa que comenzará con 3, luego el bucle 2 y 1, y se detendrá allí porque queremos bucle siempre que i esté por encima de O. En la apertura y corchetes de cierre escribimos todo lo que queremos ejecutar en cada bucle.

Debajo está el diagrama de flujo del bucle anterior

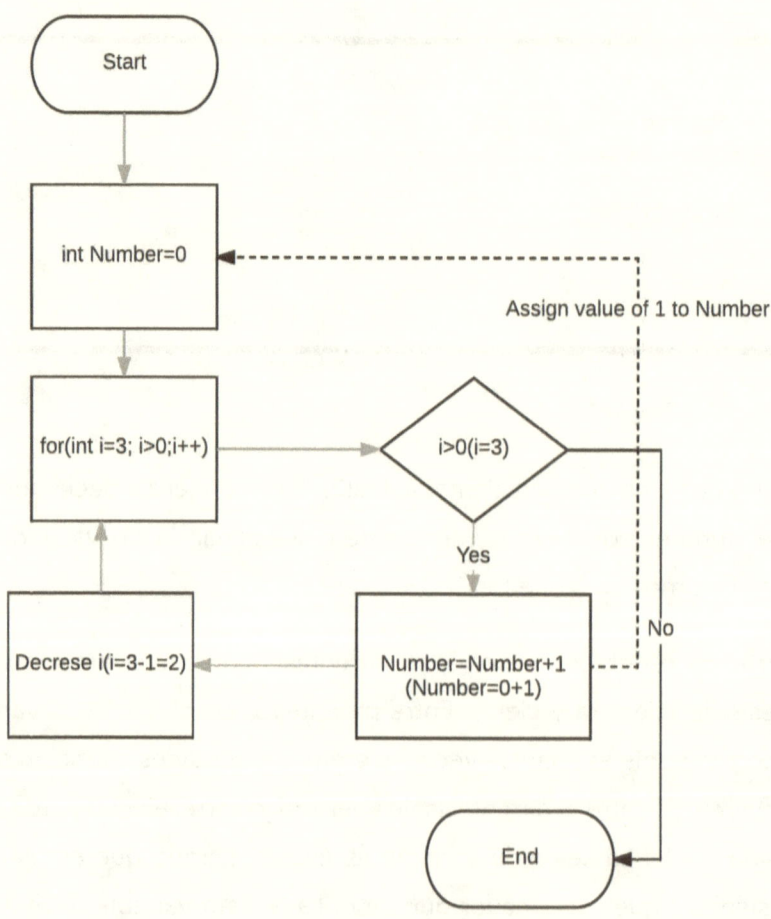

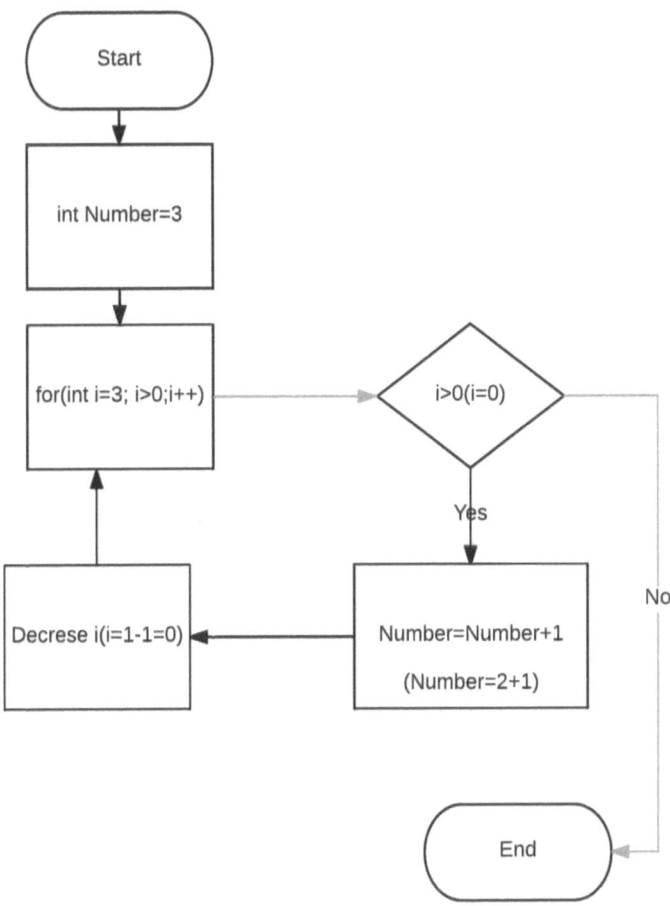